PATAGONIEN
FEUERLAND

BEGEGNUNG MIT DEM HORIZONT

BUCHER

Windverformte Bäume bei Harberton, Wahrzeichen der rauen Natur Feuerlands.

Zu Eis geronnene Ursuppe: der Perito-Moreno-Gletscher am Lago Argentino.

PATAGONIEN FEUERLAND

Fotos Hubert Stadler
Text Susanne Asal

BUCHER

Gaucho in der patagonischen Pampa, nördlich von Punta Arenas.

Blütenpracht am Lago General Carrera, begünstigt von den ungewöhnlich vielen jährlichen Sonnentagen an diesem Binnenmeer. Ein Wohngebäude der Estancia Harberton in Feuerland: Riesige Walrippen bilden das Eingangstor. Im Herbst säumt ein Kranz rot leuchtender Südbuchen den Spiegel des Sees im Nationalpark Torres del Paine. Die Magellanpinguine sind äußerst kommunikative Tiere. Ein Fischer am Lago Villarrica, vor dem Kegel des gleichnamigen Vulkans (von links nach rechts).

Gutmütig, aber durchsetzungsstark: See-Elefanten in der Caleta Valdés, im Osten der gleichnamigen Halbinsel.

Cañadón del Duraznillo: Hier ziehen tausende von Seelöwen ihre Jungen auf.

Im dichten Myrtenwald am Lago Nahuel Huapi

IM SPIEGEL DER ENTDECKER

Mit bis zu 180 Stundenkilometern fegen heftige Winde über Feuerland, denen sich die spärliche Vegetation zu beugen hat.

Die erste Nachricht, die man in Europa vernahm, war, dass es dort, nördlich der so sehnsüchtig gesuchten Wasserstraße im neuen Kontinent Amerika, Riesen gebe, die am Strand tanzten und sich Sand auf den Kopf streuten. Es gebe auch noch alles Mögliche andere, Zwerge, Menschenfresser, Amazonen, aber eben auch Riesen, die eine Höhe von über drei Metern erreichten. Übereinstimmend erzählten das der portugiesische Weltmeerfahrer in spanischen Diensten Fernando Magellan im Jahr 1520, der spanische Kapitän Simón de Alcazaba y Sotomayor 1535 und der englische Seefahrer Thomas Cavendish 1578. Eine seltsame Erde, auf die man da gestoßen war.

Die mittelalterliche Welt Europas schmolz gerade ihre Grenzen ein, die Wissenschaft schälte sich zögerlich aus ihrer alchimistischen Umklammerung, der Renaissancemensch emanzipierte sich aus dem dunklen Kämmerlein des verordneten, gottergebenen Unwissens, da erblühten die Fantasien in den funkelndsten Projektionen. Neue Wege werden beschritten, das Jahrhundert des Doktor Faustus bricht an. Die Zeit verlangt nach neuen Bildern. Vorstellungen über unbekannte Welten gab es schon, bevor sich die ersten Europäer über das Meer gewagt hatten. Wo sollte das Atlantis des Platon zu finden sein, wo das Reich der roten Menschen des arabischen Geografen El Edrisi und wo die Insel Brasil, die unter genau diesem Namen im *Mediceäischen Atlas* aus dem Jahr 1351 verzeichnet worden war? Die Zeit war reif, um sie zu suchen: Über dem Ozean, dort wurden sie vermutet, das hatten die Philosophen doch schon immer behauptet. Kartografen wie Martin Behaim aus

Der Llaima, aktivster Vulkan am «Feuergürtel des Pazifik».

Steinige Urlandschaft nahe der Estancia Harberton am Beagle-Kanal.

Nürnberg und Martin Waldseemüller hatten ihre Lage geortet und aufgeschrieben. Und die ersten Seefahrer hatten es bewiesen.

Doch wie sollte man sich nun die Bewohner dieser fernen Länder vorstellen? Mit unbekümmertem Pinsel malte die Fantasie die unwahrscheinlichsten Gestalten in die andere Welt hinein, Fabelwesen ohne Hals, andere mit dem Kopf mitten auf dem Bauch, wie aus einem Gemälde von Hieronymus Bosch entstiegen.

See-Elefanten in der Reserva Faunística Punta Delgada.

Am Cabo Dos Bahías bei Camarones brüten die Pinguine in Erdhöhlen.

Und so kam es auch zu den Riesen, die Patagonien seinen Namen gegeben hatten. «Patas grandes» – große Füße –, soll Fernando Magellan ausgerufen haben, als er zum ersten Mal Fußspuren der Einheimischen erblickte. Der Magellan-Biograf Antonio Pigafetta, Sohn einer Patrizierfamilie aus Vicenza, schreibt in sein Tagebuch: «Dieser Mann war so groß, dass ihm der Kopf des Größten von uns nur bis zum Gürtel reichte … Die Frauen sind nicht so groß, aber außergewöhnlich dick.» Es ist März 1520. Magellan hat an der Stelle Anker werfen lassen, wo sich heute der Ort Puerto San Julián in der Provinz Santa Cruz befindet, in einer weiten, öden, von Steinen bedeckten Bucht.

TIERRA DEL HUMO

Auch das Land im Süden der tief zerklüfteten Magellanstraße hatte «seine» Riesen, was sich in der heutigen Namensgebung *Bahía Gente Grande* auf westlicher, d. h. chilenischer Seite niederschlägt. Seine Ona (oder Selk'nam) waren von robustem Körperbau und etwa 1,80 Meter groß. Doch das Land selbst blieb in den Fantastereien des alten Europa ausgespart. Magellan hatte auf diese Erde, von der es hieß, sie sei fest mit dem Südpol verbunden, nie seinen Fuß gesetzt. Man war schließlich nicht an diesem Land interessiert, sondern an der Auffindung der Passage zum anderen – dem pazifischen – Ozean. Die legendenumwitterte *Terra Australis* zu entschlüsseln, von der die Kartografen vermuteten, sie sei ein Kontinent, eine riesige zusammenhängende Erdmasse bis zum südlichsten vorstellbaren Punkt des Erdballs, blieb dem britischen Korsaren Sir Francis Drake vorbehalten. Als es ihn, durch heftigen Sturm abgetrieben, in den Süden der Magellanstraße verschlug, entdeckte er statt des fantastischen Südkontinents das offene Meer und damit seine wahren Konturen: Er war eine Insel.

Von Magellan hingegen ist ein Name für die Terra Australis überliefert, der sich in den Chroniken nur kurz halten wird: *Tierra del Humo* nannte er sie, Land

Unterhalb des Vulkans Osorno stürzen die Saltos de Petrohué ins Tal.

Folge von El Niño: üppige Blütenpracht an den Hängen um El Maitén.

Tiefster See Argentiniens: die Laguna Azúl südlich von Río Gallegos.

des Rauches, weil ihm die beständig glimmenden Feuer an den Küsten aufgefallen waren. König Karl V. taufte sie um in *Tierra del Fuego*. Der erste Konquistador, der den feuerländischen Wassernomaden und Guanakojägern Alakaluf, den Ona, Haush und Yamana (Yaghan) begegnete, war der Spanier Juan Ladrillero im Jahr 1558. Doch wir müssen bis ins späte 18. Jahrhundert vordringen, um dem Blick auf Feuerland aus europäischen Augen zu begegnen (siehe Seite 113).

CÄSARENSTÄDTE IN DER WILDNIS

Von der indianischen Kultur erfuhr man wenig. Die patagonischen Tehuelche besaßen als Nomadenvolk kaum materielle Überlieferungen aus ihrer Vergangenheit, und so groß waren sie gar nicht, wie man mittlerweile weiß: etwa 1,80 Meter. Als der Naturforscher Antoine de Bougainville Patagonien im 18. Jahrhundert besuchte, waren die Fabelwesen auch schon von drei auf zwei Meter zusammengesurrt wie ein überspanntes Gummi. Kein Wunder – zu diesem Zeitpunkt hatten sich die überschwänglichen Fantasien schon abgeschliffen an dem harten Geschäft des Kolonisierens, und man betrachtete die Menschen Amerikas in einem anderen Licht.

Bis ins späte 19. Jahrhundert hielt sich allerdings die Legende von den Cäsarenstädten. Ihr historischer Hintergrund: Eine Expedition unter Francisco César drang 1526 bis in die Gegend des heutigen Córdoba in Argentinien vor, wo man von dem Inka-Reich hörte, das einige Jahre später Francisco Pizarro erobern sollte. Von vergoldeten Cäsarenstädten war danach immer wieder die Rede. Aber niemand fand sie. Die schönsten Fantasien blühten. «Die Cäsaren leben in Steinhäusern. Sie gehen bekleidet und bedienen sich silberner und goldener Essgeräte», erzählt beispielsweise Juan Ramírez de Velazco 1586. Gewaltige Steinbauten mit andalusischen Patios und der Wappenkrone Leons und Aragons über dem Stadteingang haben sie, und die weißhäutigen, bärtigen Menschen tragen Diademe aus Smaragden im langen Haar, meint hingegen Ignacio Pinuer zu wissen und verfasst 1774 einen entsprechenden Bericht an den spanischen Kö-

Am östlichen Andenrand: der zerklüftete Canyon des Río Pinturas.

Seelöwen, Albatrosse und Kormorane im Beagle-Kanal.

nig. Doch Pinuer hatte die Rechnung ohne den britischen Jesuiten Thomas Falkner gemacht, der in seiner *Beschreibung Patagoniens* aus demselben Jahr überhaupt keine Anzeichen einer spanischem Kolonisierung ausgemacht haben will, stattdessen aber von Indianern berichtet, die so groß seien, «dass sie nicht reiten können, sondern zu Fuß gehen müssen».

gesamt 3000 Personen, auch Frauen und Kinder, an der patagonischen Küste anzusiedeln. Diese Familien hatten keine Ahnung, wie sie dem kargen Boden eine Lebensgrundlage abringen konnten. Und die Stämme, denen sie begegneten, hatten weder Diademe noch Diamanten im Haar, sondern Erdkrusten und Blätterreste, sie kleideten sich in Tierhäute und lebten in Zel-

Die spröde patagonische Atlantikküste enthüllt ihre Reize erst auf den zweiten Blick: Cabo Blanco an der Südspitze des Golfo San Jorge.

Tatsächlich hatte es indes Siedler gegeben, die im Auftrag des spanischen Königs Philipp II. 1584 an die Magellanstraße verschleppt worden waren: zum Cabo de Virgenes in der heutigen Provinz Santa Cruz und nach Chile, ungefähr dort, wo sich heute die Hauptstadt der Provinz Magallanes befindet: das im 19. Jahrhundert gegründete Punta Arenas. Sie sollten den Besitzanspruch der spanischen Krone auf diesen entlegenen, aber strategisch höchst wertvollen Zipfel Erde verteidigen. Nachdem Sir Francis Drake die spanischen Besitzungen an der südamerikanischen Ostküste geplündert hatte und durch die Magellanstraße gestürmt war, war man im «Mutterland» auf die Idee gekommen, ins-

ten. Das Einzige, was es im Überfluss gab, waren Wind, Wolken und aufgetürmte Steine. Als Thomas Cavendish drei Jahre später die Küste absegelte, hatte nur ein Spanier der «Ciudad Rey Felipe» das Himmelfahrtskommando der Krone überlebt.

TRÄUME VERSCHWINDEN

Die erhitzten Entdeckerträume hatten sich bald abgekühlt. Steine und nomadische Tehuelche gab es in dem Teil Patagoniens, der später der argentinische werden sollte, kriegerische *Mapuche* (oder Araukaner) jenseits der Anden, die die spanischen Eindringlinge

DER WEG UM DIE ERDE

Die nachfolgenden Textauszüge aus Stefan Zweigs (1881–1942) Roman «Magellan» schildern die Entdeckung der Meeresstraße nördlich von Feuerland, die den Atlantik mit dem Pazifik verbindet.

Keinen Augenblick jetzt mehr gezögert! Die Anker gehoben! Die Segel entbreitet! Noch einmal eine Salve zu Ehren des Königs, ein Gebet dem obersten Admiral! Und dann mutig hinein in das Labyrinth! Findet er aus diesen acherontischen Gewässern einen Weg in das andere Meer, dann hat er als Erster den Weg um die Erde gefunden. Und mit allen vier Schiffen steuert Magellan mutig in diesen Kanal, den er zu Ehren des Tags den Kanal Todos los Santos tauft. Aber die Nachwelt wird ihn dankbar die Magellanstraße nennen. Ein sonderbarer, ein gespenstischer Anblick muss es gewesen sein, wie zum ersten Mal die vier ersten Schiffe der Menschheit leise und lautlos in diese schweigsame, schwarze, seit ewigen Zeiten noch nie von einem Irdischen befahrene Straße hineingleiten. Ein ungeheures Schweigen erwartet sie. Wie Magnetberge starren metallisch die Hügel am Ufer, dunkel lastet der immer hier verwölkte Himmel, schwarz schattet das Wasser; wie Charons Boot auf den stygischen Gewässern, Schatten zwischen Schatten, so steuern die vier Schiffe schweigsam durch diese Hadeswelt. Von ferne leuchten Berge mit schneeigen Gipfeln, und eisigen Hauch trägt nachts der Wind von ihnen her. Kein Lebewesen zeigt sich rings, und doch müssen Menschen verborgen hier hausen, denn nachts leuchten zur Seite flackernde Feuer im Dunkel, weshalb Magellan dies Land *terra de fuego*, Feuerland, benennt. […]

Aber nie, während beklommen die Seefahrer nach allen Seiten spähen, eine Stimme, nie eine bewegte Gestalt; als Magellan einmal Matrosen mit einem Boot ans Ufer sendet, finden sie nicht Haus und nicht Spuren von Leben, sondern nur Wohnstatt von Toten […].

Nicht im Mindesten ähnelt die aufgeschlossene Straße jenem schnurgeraden Phantasiekanal, den in ihren bequemen deutschen Stuben die biedern Kosmographen, den Schöner und vor ihm wohl Behaim in ihre Karten gezeichnet haben, und es bedeutet eigentlich bloß einen abkürzenden Euphemismus, die Magellanstraße überhaupt «Straße» zu nennen; in

Wahrheit stellt sie einen ununterbrochenen Kreuzweg dar, ein zerfetztes, labyrinthisches Gewirr von Windungen und Wendungen, von Buchten, Baien, Fjorden, Sandbänken und verwickelten Wasserdärmen, das Schiffe nur mit größter Kunst und größtem Glück heil zu durchfahren vermögen.

[…] am dritten Tag kehrt gehorsam die ausgesandte Schaluppe zurück, und wieder winken schon von ferne die Matrosen wie damals an dem Tage *Todos los Santos*, da sie den Eingang zur Straße entdeckten. Nun aber – tausendmal wichtiger dies! – haben sie endlich den Ausgang gefunden! […] Diese eine Minute ist Magellans großer Augenblick, jener Augenblick äußerster und unüberbietbarer Entzückung, wie ihn jeder Mensch in seinem Leben nur einmal erlebt. Alles hat sich erfüllt. Er hat das Wort eingelöst, das er dem Kaiser gegeben. Er hat wahr gemacht, er, der Erste und Einzige, was Tausende vor ihm nur träumten: er hat den Weg in das andere Meer gefunden.

Oben: 1520 entdeckte der portugiesische Seefahrer Magellan (auf einem Kupferstich von 1673) die nach ihm benannte Meeresstraße. – Unten: Vor der Küste Feuerlands. Allegorische Verherrlichung der Weltumsegelung unter Ferdinand Magellan (kolorierter Kupferstich aus dem 16. Jahrhundert).

Morbide Wegmarken an der Ruta Nacional 40: eine Gedenkstätte, ...

... ein Tierskelett, Opfer des eisigen Winters, bei Río Mayo ...

... und ein rostender Pick-up neben dem «Hotel» von Bajo Caracoles.

mit ihrer Guerillataktik zermürbten und sie über Jahrhunderte hinweg zwangen, die hastig aufgeschlagenen Siedlungen schnellstens wieder zu verlassen.

Die Konquistadoren verschanzten sich. Die Grenze zwischen europäischer Zivilisation und indianischem Gebiet ziehen die Flüsse Colorado und Bío Bío. Das raue Land unterhalb des Río Colorado wurde bald zum Terrain der Außenseiter; es diente neben den Tehuelche den Gauchos als Heimat. Als Söhne von spanischen Kolonisten und indianischen Frauen waren sie Mestizen, in den Städten Ausgestoßene.

Doch erneut erstarkte im aufgeklärten Europa die Imagination, beflügelt von Goethes und Rousseaus Ideal des «edlen Wilden». Diesmal sind die unbeugsamen Mapuche das Objekt der Sehnsucht. So träumte sich der französische Rechtsanwalt Orélie-Antoine de Tounens aus Périgueux im Jahr 1859 ein Königreich zusammen, das ihn zum Herrn über die Araukaner machen sollte. Angefeuert von einem Epos des Spaniers Alonso de Ercilla über dieses Volk, landete er in Coquimbo im nördlichen Chile, versuchte sich im Kupferhandel und nahm Verhandlungen mit seinen zukünftigen Untertanen auf. Er ließ sich die Haare schulterlang wachsen, kleidete sich in einen Poncho, benannte Minister, darunter klugerweise auch Mapuchefürsten, und arbeitete eine Verfassung sowie eine Hymne aus, doch fand er damit weder in Chile noch in Frankreich Gefallen. Nach mehreren erzwungenen Ausreisen in sein Heimatland versuchte der «König von Patagonien» noch zweimal erfolglos, die argentinische Grenze zu Chile zu überwinden, und starb als Gaslaternenanzünder in Toutoirac. Den Titel vererbte er seinem Neffen.

Ganz anders in der Terra Australis. Die Schrecken einflößende Magellanstraße und die regenverhangene, kalte Erde lassen romantische Träumereien auf Feuerland keinen Anker setzen. Wer sich in den fischreichen pazifischen Gewässern rund um die Insel tummelte, tat dies meist nicht aus braver Gesinnung. Der sagenhafte Reichtum an Robben und Walen zog freibeuternde Seeleute an, und die unbezähmbare Inselwelt im Südmeer wurde im 18. und 19. Jahrhundert zum größten Robbenfriedhof aller Zeiten.

Ausgetrockneter Boden auf der Hochebene bei Colonia Sarmiento.

STÜRME, WRACKS UND WINDJAMMER

Es gibt viele gefährliche Prüfungen, denen sich ein Segler auf den Weltmeeren stellen kann, aber das berüchtigte Kap Hoorn, das «Kap des Schreckens», war und bleibt die schwierigste Passage der Welt.

«Selbst der Teufel würde hier erfrieren», schrieb Charles Darwin Mitte Dezember 1834 über Kap Hoorn in sein Notizbuch, Grundlage für seine *Reise eines Naturforschers um die Welt, 1831–1836,* und schuf damit die nachhaltigste Charakteristik, die man sich nur vorstellen kann, um den Schrecken aller Seeleute zu schildern: Kap Hoorn. Der britische Naturforscher, der an einer fünfjährigen Expedition an Bord der «Beagle» teilnahm, hatte miterlebt, wie «das Kap Hoorn uns noch vor der Nacht einen Sturm gerade in die Zähne» schickte. Die Mannschaft mit Kapitän Robert Fitzroy kapitulierte pünktlich zu den Feiertagen und zog es vor, Weihnachten in dem «niedlichen kleinen Hafen Wigwam Cove» zu verbringen. Erst im Januar trotzten sie dieser Hölle aus Wasser mit 20 Meter hohen Wellen, ständig wechselnden Winden, zornigen Stürmen, die an Takelagen zerren und Masten umknicken wie Streichhölzer, die Seeleute über Bord spülen oder wie Federn über das Deck wehen. – Kap Hoorn war und bleibt die schwierigste Passage der Welt. Sie forderte ihren Tribut.

Gewissenhaft breitet der Museumsführer im zum Museum umgewandelten Gefängnis «Presidio» in Ushuaia eine Meereskarte vor uns aus, auf der die vor Kap Hoorn gesunkenen oder vermissten Schiffe verzeichnet sind, insgesamt sind es über 800. Nicht alle waren Frachtsegler mit todesmutiger Besatzung, die noch bis vor 65 Jahren das Kap umrundeten. Viele Dampfschiffe sind darunter, sogar moderne Containerschiffe, Kreuzfahrtschiffe oder die «Titanic Argentiniens», der Luxusliner «Monte Cervantes», der am 22. Januar 1930 nach einer geheimnisumwitterten Kursänderung auf ein nicht in der Seekarte verzeichnetes Riff lief und sank. Anders als bei der «Titanic» konnten hier alle 1447 Menschen geborgen werden. Allerdings starb der Hamburger Kapitän der «Monte Cervantes», Theodor Dreyer, bei dem Versuch, als Letzter das sinkende Schiff zu verlassen. Er ertrank, als das Schiff im Beagle-Kanal abgeschleppt werden sollte. Das ist der Stoff, aus dem Seemannslegenden sind.

«Kap Hoorn ist ein Grab für Seeleute», erzählt der Museumsführer. Dies aller-

1

2

3

1. Die «Padua», eines der letzten großen Segelschiffe der Hamburger Reederei Laeisz. 2. Albatrosse, ständige Begleiter am Kap Hoorn. – 3. Haushohe Wellen machten die Umrundung unberechenbar. – 4. Sie verloren 1900 im Sturm bei Kap Hoorn ihr Leben. 5. Matrosen in schwindelerregender Höhe.

5

4

dings ist kein Seemannsgarn. Mehr als 10 000 Matrosen starben in den eiskalten Fluten, seit Wilhelm Cornelisz Schouten im Jahr 1616 das Kap Hoorn zum ersten Mal umrundet hatte und ihm den Namen seiner Heimatstadt gab. Ging ein Matrose über Bord, konnte man ihn nicht mehr bergen; jeder Versuch, ein Rettungsboot in das brodelnde Wasser hinabzusenken, hätte weitere Opfer gefordert. Dass man trotzdem an dieser gefährlichen Wasserstraße festhielt, hatte ökonomische Gründe. Der Auftraggeber Schoutens, Jakob Le Maire, suchte für seine «Australische Kompanie» einen von der Konkurrenz unbegehbaren und gleichzeitig ungefährdeten Handelsweg. Und so wurden die Nussschalen in den Orkan geschickt. Die Frachtensegler transportierten Getreide und später das weiße Gold des Nordens, den Salpeter, der zur Herstellung von Schießpulver verwendet wurde. Im ausgehenden 19. Jahrhundert kam ein weiterer Ausfuhrschlager hinzu: der begehrte Vogelmist «Guano», als es noch keine synthetischen Düngemittel gab.

Die «Roaring Forties», das Wetter um den berüchtigten 40. Breitengrad, liefert eine kleine Visitenkarte ab von dem, was später noch folgen wird. Ist der 50. Breitengrad bei Puerto Santa Cruz, nördlich von Río Gallegos, erreicht, bereitet sich die Mannschaft auf den Kampf mit dem Wasser vor: die so genannten Leichenfänger werden gespannt, die verhindern sollen, dass Seeleute über Bord gehen. An 300 Tagen im Jahr herrscht hier tief unten im Süden Sturm, oft in Orkanstärke. Der Westwind bläst einem wie aus einer Düse gegen den Körper. Die Rahen, Querstangen am Mast, schaukeln 50 Meter über dem Meeresspiegel in den Böen. Die Segler torkeln um das Kap, jeder gewonnene Zentimeter Strecke ist ein Fest. Die schlimmste Fahrt musste die «Susanna» durchstehen, als sie am 19. August 1905 den Eingang in die Wasserstraße nahm: 99 Tage braucht das Schiff, um das Kap zu umrunden,

1

2

3

wohlgemerkt nicht, um bis nach Valparaíso zu gelangen, wo seine Fracht gelöscht wurde. Als es dort eintraf, waren nur noch acht Seeleute arbeitsfähig.

Am schnellsten gelang es dem eleganten Windjammer «Priwall» aus der «Flying P-Linien»-Flotte der Hamburger Reederei Laeisz 1938: Der majestätische Viermaster benötigte lediglich fünf Tage und 14 Stunden. Er und seine Schwesternschiffe «Padua», «Passat» und «Pamir» wurden auf der Kap-Hoorn-Strecke eingesetzt. Die «Priwall» umrundete als letzter Windjammer das Schicksalskap.

Wer mindestens einmal an einer Kap-Hoorn-Fahrt teilgenommen hatte, wurde in den Club der *Cap Hoorniers, Amicale Internacionale des Capitaines au Long-Cours*, aufgenommen, den die internationale Seglergemeinde 1936 im bretoni-

1. Das sturmumtoste, berühmt-berüchtigte Kap Hoorn am «Ende der Welt». Hier treffen der Atlantische und Pazifische Ozean aufeinander. – 3. Arved Fuchs und Rainer Neuber gelang 1984 eine spektakuläre Kap-Hoorn-Winterumrundung im Faltboot durch schwerste Sturmböen, Schnee- und Hagelschauer. «Das Gleiche noch mal – nie wieder!», sind sie sich nach überstandenem Abenteuer einig. – 2. Im Lager erholen sich die beiden von den Strapazen des Tages. 4., 6. Auch die Magellanstraße fordert ihren Tribut: Wracks bei San Gregorio. – 5. Am Beagle-Kanal mit seinen zahllosen Untiefen.

schen St. Malo gegründet hatte. Amerikaner, Neuseeländer, Australier und Europäer gaben sich dort ein Stelldichein. «Albatros» durften sich die Kapitäne nennen, die Seeleute nach dem kleineren Sturmvogel «Mamolok». Der Albatros ist das Wappentier des feinen, orkanerprobten Clubs

5

4

6

in Frankreich, der sich jetzt aufgelöst hat, denn seine Mitgliedschaft ist auch eine Frage des Alters; der Jüngste überschreitet demnächst die 80 Jahre. Die Deutschen allerdings machen weiter: Sie treffen sich auf dem Windjammer «Rickmer Rickmers», heute ein betagtes Museumsschiff und schwimmendes Wahrzeichen Hamburgs, aber 1896 auch auf Fahrt rund ums Kap. Es gibt viele gefährliche Herausforderungen, denen sich ein Segler auf den Weltmeeren stellen kann, aber Kap Hoorn nimmt von allen noch den Ehrenplatz ein. Alle-Mann-Manöver und ständige Wachwechsel waren dort völlig normal, Schlafpausen wurden nicht gewährt. Die Seeleute kamen erst nach Tagen im Sturm aus ihren durchnässten Klamotten heraus, und manchmal sanken die Temperaturen so stark, dass die Kleidung der Matrosen in ihren nassen Kojen festfror. Die Hände und die Haut waren wund gescheuert, aber den Schmerz, erzählen die alten Herren vom Club, hätten sie vor lauter Überanstrengung nicht mehr wahrgenommen. Für den Museumsführer im «Presidio» in Ushuaia grenzen Mut und Stärke der Cap Hoorniers ans Wunderbare. Kap Hoorn ist für die Argentinier und die Chilenen auch ein mythischer Ort, der Menschen verschluckt und in seine Höhlen zieht. So berichtet Francisco Coloane, der Haudegen unter den chilenischen Schriftstellern, in bester Karl-May-Manier von einem Eisberg, der Schiffe durch das Labyrinth der Kanäle und Buchten verfolgt, und von einem Indianer, der auf seiner Kuppe festfror und mit ausgebreiteten Armen wie ein schauerliches Mahnmal auf ewig an die Gefahren dieses Ortes erinnert, dort, wo selbst der Teufel erfriert.

Vom Río Limay geschaffenes «Amphitheatro» bei San Carlos de Bariloche.

VERTREIBUNG DER INDIANER

Im beginnenden 19. Jahrhundert verzeichnet die Landkarte von Patagonien und Feuerland hauptsächlich weiße Flecken: Carmen de Patagones am Río Negro wurde von 1779 an als Strafkolonie genutzt. Hier unterhielt man Kontakte zu den Indianern, die «Befriedungstribute» in Form von Rinderherden, Pferden und Alkohol erhielten. Auf der Flussinsel Pavón im Río Gallegos im äußersten Südosten betrieb der Argentinier Luis Piedra Buena etwas Viehzucht und Handel mit Indianern. Das chilenische Punta Arenas im Südwesten war Gefangenenlager. Unweit davon wurde 1843 die Festung Fuerte Bulnes errichtet, um chilenische Interessen im Südmeer zu verteidigen. Das war alles, ein paar flackernde Pünktchen am Rande einer Landschaft. Ein klar definierter Grenzverlauf zwischen Argentinien und Chile verschwindet im Walddickicht der Anden. Die Region ist nicht viel weiter entwickelt als zu Lebzeiten Magellans. Doch bald wird ein neues, grausames Kapitel geschrieben.

Im Jahr 1842 erhält der aus Kassel stammende Bernard Philippi den Auftrag der chilenischen Regierung, das Land um den Llanquihue-See auf seine Kolonisierbarkeit hin zu prüfen. Der riesige, von kalten Dschungeln umschlossene See lag weit hinter der *frontera* und insofern im Gebiet der Mapuche. Die Mapuche sollten auf *parlamentos*, von den Chilenen angesetzten Aussprachen, über ihr fruchtbares Land verhandeln. Damit waren die Mapuche keineswegs einverstanden. Sie fügten sich nicht den Vorstellungen der Chilenen zur Gebietsabtretung. Mit rüden Friedensverträgen, die nie eingehalten wurden, nahm man den Indianern schließlich ihr Land weg. Und wer kam? Die ersten Deutschen erreichten 1852 die Mole von Puerto Montt. Nach der Revolution von 1848 politisch heimatlos Gewordene, verarmte Bauern, viele Intellektuelle, die sich plötzlich vor die Aufgabe gestellt sahen, einen Dschungel in gedeihendes Ackerland zu verwandeln.

Supermarkt und Kneipe: in Bajo Caracoles an der Ruta 40.

Frieda Haase, 87-jährige Chefin des Hotels «Haase» in Puerto Octay.

Der Nationalpark Torres del Paine, ein Refugium für die Guanakos.

In Argentinien hatten sich derweil die Waliser – *los galeses* – in friedlicher Nachbarschaft zu den Tehuelche am Río Chubut niedergelassen. Es war so windig, dass die walisischen Damen nach ihrer Ankunft 1853 erst einmal ihre Krinolinengarderobe aussortierten, denn sonst wären sie in ihren kugelig gebauschten Röcken glatt über Land gefegt worden. Die walisischen Siedler bauten sich in Trelew und Rawson städtische Zentren. Immer mehr Einwanderer strömten

Der Beginn eines harten Arbeitstages im «Alten Patagonien-Express».

Durch die Steppe am Osthang der Anden: von Esquel nach El Maitén.

durch das offene Tor Buenos Aires, der Lebensraum wurde knapp, denn bis in das 20. Jahrhundert hinein träumten viele den Traum vom *hacerse América*, davon, das Glück in Amerika zu machen. Die Indianer empfahlen den Walisern, die Anden zu kolonisieren.

Für sie selbst gab es in Argentinien bald keinen Platz mehr. Unter dem Schlagwort *Gobernar es poblar* – «Regieren heißt bevölkern» – setzte Bartolomé Mitre, erster gewählter Präsident des Landes, 1862 seine Besiedlungspolitik durch. Bevölkert werden sollte der Süden Argentiniens, und zwar mit zuverlässigen, fleißigen und natürlich weißen Kandidaten. Eine so wichtige Aufgabe wollte man nicht den Indianern überlassen, die sich in Guanakofelle kleideten, den Körper bemalten und in Zelten aus Tierhäuten schliefen. Der *Campaña del Desierto*, die in den Jahren von 1877 bis 1879 unter dem Innenminister Julio Argentino Roca ausgefochten wurde, gab man den wohlklingenden Titel «Domestizierung» der Indianervölker. Die Überlebenden dieses in Wahrheit grausamen «Wüstenfeldzugs» wurden in Reservaten zusammengepfercht, um das Land freizuräumen.

Die Waliser indes folgten dem Rat der Indianer. Eine Expedition machte sich 1885 auf den beschwerlichen Weg durch die Steppe nach Westen. Nach etwa 650 Kilometern war schließlich das Ziel gefunden; der ausgespähte Platz in einer hübschen Seen- und Waldlandschaft konnte günstiger nicht sein. Nicht alle kamen hier unter. Für die Ackerbaukolonien im steinigen Zentrum Patagoniens wurde vom Staat eine Größe von 100 Hektar fixiert, für Weidekolonien 625 Hektar. Das erwies sich in beiden Fällen als zu klein, und für die Staatspacht gab es überhaupt keine Vorschriften. Manche Siedler brachen beim Anblick ihrer neuen Heimat in Tränen aus, weil sie so rau und unfruchtbar aussah, andere verteilten sie gleich neu, einige von

ihnen traten ihren Besitz erst gar nicht an. Die geschäftstüchtigen Syro-Libanesen folgten den Pionieren durch Patagonien und errichteten die legendären *boliches* – diese Mixtur aus Kneipe, Tankstelle, Krämerladen und Werkstatt –, die immer noch in die unwirtlichen Weiten eingesenkt sind wie freundliche Sterne.

Derweil hatten die 143 Deutschen auf chilenischer Seite gründlich aufgeräumt. Nachdem sie ihre anfänglichen Erschütterungen über das sumpfige Gelände und sein ewig wucherndes Pflanzenkleid mit halluzinogenen Pilzen betäubt hatten, verwandelten sie die

Mapuche im spartanischen Abteil des «Viejo Expreso Patagónico».

In einem abgeschiedenen, fruchtbaren Hochtal: Cochrane, mit 2000 Einwohnern.

Britische Gemütlichkeit im Herrenhaus der Estancia Viamonte.

Landschaft in Acker- und Weideland. Zäune zog man mit Brombeerhecken. In Valdivia erfand der Apotheker Karl Anwandter das Bier neu, und kleine Manufakturen und Industriebetriebe entstanden. Hier sieht alles so aus wie in Deutschland, wussten erstaunte Besucher zu berichten, und sogar die Rezeptur zur Herstellung von Sauerkraut hatte die beschwerliche Reise

Mittagessen für die Gauchos: der *asado*, ein zünftiger Spießbraten.

Nostalgie pur: Im Hotel «Ensenada» wird althergebracht eingeheizt.

ins Exil überstanden. Den Llanquihue-See säumten nun kleine Häfen mit Molen und Holzkirchen: Puerto Octay, Puerto Varas, Frutillar. Der Meereshafen Puerto Montt wurde das Tor zur Welt.

BANDITEN UND RINDER

Ihn nutzten bald auch zwei US-amerikanische Farmer, Könige in ihrem eigentlichen Beruf, Könige der Banditen nämlich, Butch Cassidy und Sundance Kid. Sie waren durch die magische Pforte Buenos Aires geschlüpft und verloren sich dann in den unübersichtlichen Anden. Als Viehzüchter erwarben sie sich dort einige Reputation, besonders als sie die Regierung um Erlaubnis baten, einen Knüppeldamm durch die Wälder nach Chile zu bauen. Das chilenische Puerto Montt lag von ihrer Farm aus gesehen viel näher als die argentinischen Atlantikhäfen. Noch heute wird der Knüppeldamm zum Viehabtrieb benutzt. Ihr Farmhaus steht auch noch, es liegt in Cholila und wurde zuletzt von einem alten Señor namens Aladin Sepúlveda bewohnt, der noch ganz andere Räuberpistolen zu erzählen wusste als die von Butch und Sundance.

Die Spur der beiden verliert sich in Bolivien, dafür betritt ein Chilene die Bühne: Carlos Wiederhold, der 1895 eine Blockhütte in eine Gegend baute, die später als San Carlos de Bariloche eine steile Karriere als wichtiges argentinisches Urlaubsgebiet hinlegen sollte. Carlos Wiederhold wollte die Möglichkeit eines transandinen Handels zwischen Chile und Argentinien erkunden. Es klang viel versprechend. Die Landgüter, *estancias*, benötigten einen Absatzmarkt, und der war mit dem Hafen Puerto Montt gefunden. Gleichzeitig konnte man technisches Gerät und Gegenstände des täglichen Bedarfs aus Chile importieren.

Im Jahr 1904 entstand eine deutsch-chilenische Aktiengesellschaft, die *Sociedad Ganadera y Comercial*

Fortsetzung Seite 41

VON SONNE, EIS UND SCHNEE

In den Jahren 1918–1924 sammelte der Ethnologe Martin Gusinde reiches Material über die Kultur der Feuerland-Indianer, darunter auch die Mythe «Die empfindliche Brillenibisfrau», in der sich die indianische Vorstellung vom Werden und Sinn der Welt mythologisch verdichtet.

Es war in alter Zeit. Wieder einmal nahte der Frühling. Da schaute ein Mann aus seiner Hütte hinaus und sah, wie

1

eine Brillenibisfrau soeben über seine Hütte hinwegflog. Darüber freute sich dieser Mann gar sehr und schrie zu den anderen Hütten hinüber: «Eine Brillenibis fliegt soeben über meine Hütte hinweg. Schaut her!» Als die andern Leute das hörten, stürzten sie aus ihren Hütten heraus und schrien laut: «Nun ist der Frühling wieder da. Schon fliegen die Brillenibisse!» Sie sprangen vor Freude und unterhielten sich laut.

Die Brillenibisfrau ist aber sehr zartfühlend und empfindlich, sie will besonders vornehm behandelt werden. Als nun jene Männer, Weiber und Kinder so laut und lange schrien, hörte sie diesen Lärm und erregte sich darüber sehr. Tief beleidigt ließ sie in ihrem Zorn plötzlich einen dichten Schneesturm kommen, der von starkem Frost und viel Eis begleitet war. Seitdem fiel Schnee und immer wieder Schnee durch ganze Monate. Andauernd fiel Schnee, und die ganze Erde bedeckte sich mit Eis; denn es herrschte auch eine sehr empfindliche Kälte. In allen Wasserstraßen gefror das Wasser. Da starben viele, viele Menschen; denn sie konnten ihre Kanus nicht besteigen und nicht ausfahren, um Nahrung zu suchen. Nicht einmal die Wohnhütten konnten sie verlassen, um Brennholz zu sammeln; denn überall lag sehr viel Schnee. Immer mehr Menschen starben.

2

1. Aufstellung zum rituellen Tanz: So versuchten die Yamana die Mächte der Natur gnädig zu stimmen. – 2. Der Ethnologe Martin Gusinde als Prüfling bei der Initiation der Feuerland-Indianer. – 3. Sie lebten von der Jagd auf Guanakos und kleideten sich in ihre Felle. – Rechts: Handabdrücke der Tehuelche in der Cueva de las Manos.

3

Endlich nach langer, langer Zeit hörte der Schneefall auf. Bald darauf kam eine sehr starke Sonne. Sie brannte so kräftig, dass alles Eis und der viele Schnee schmolzen, die ganze Erde war bis hoch über die Bergspitzen damit bedeckt. Da floss sehr viel Wasser in die Kanäle und ins Meer. Diese Sonne leuchtete so heiß, dass die Bergspitzen verbrannten und bis heute kahl dastehen. Auch die Eisdecke über den breiten und schmalen Wasserarmen schmolz. So konnten die Leute endlich wieder ans Ufer gehen und ihre Kanus besteigen, um Nahrung zu suchen. In den großen Berghalden und tiefen Tälern jedoch hielt sich das dicke Eis bis auf den heutigen Tag; denn es war zu dick, als dass jene starke Sonne es hätte zum Schmelzen bringen können. [...]

Seit jener Zeit behandeln die Yamana jede Brillenibissin mit höchster Ehrfurcht. Wenn sie sich den Hütten nähert, halten die Leute sich schweigsam und still, vor allem beschwichtigen sie die kleinen Kinder, dass sie nicht schreien.

Chile-Argentina. Sie benutzte den Seeweg zum Transport: den Lago Nahuel Huapí auf argentinischer, den Lago Todos los Santos und dann den Lago Llanquihue auf chilenischer Seite. Ein Hafen mit einem Hotel für Reisende wurde am Nahuel Huapí in Puerto Blest gebaut. In Chile konnte man auf die bestehende Infrastruktur aufbauen. Zusätzlich wurden Routen in den kalten, schönen Nebelwald der Anden geschlagen.

Wohnhaus im typischen Stil der Hafenstadt Ushuaia am Beagle-Kanal.

GOLD AUF FEUERLAND

Notdürftig besiedelt, schlägt 1871 dort wie ein Blitz die Nachricht ein, dass Gold gefunden worden war. Ein Goldrausch bricht aus wie weiland 1848 in Kalifornien und Venezuela. Feuerland wird das Traumland der Hasardeure. Der Rumäne Julius Popper gründet 1885 seine «Kompanie» aus glücklosen eingewanderten Kroaten und Dalmatinern, umgibt sich mit eigener Privatarmee, lässt sogar Münzen prägen und Briefmarken drucken. Er erfindet eine «Goldmelkmaschine», die die Gezeiten an der Bahía San Sebastián nutzt, um Gold zu waschen, zerwühlt im Norden den Páramo um den Río Cullen bis hinunter nach Boquerón und tauft einen Gebirgszug nach seiner Königin Carmen Sylva. Sein Terrorregime hat nur kurzen Bestand.

Einst Strafkolonie, heute touristisches Zentrum Feuerlands: Ushuaia.

Das ungeliebte Anhängsel Tierra del Fuego überlassen die Chilenen und Argentinier den clever zusammengeheirateten Familien Braun, Behety, Menéndez und Nogueira. Der Bodenbesitz der Schafzüchterfamilien Braun-Menéndez, dessen Umfang sie durch Heirat ins Legendäre steigerten, ignorierte sämtliche Grenzen. Ihre Ideologie war Frühkapitalismus pur, die heimi-

Schillernde Wüste: die Versteinerten Wälder José Ormachea, ...

sche indianische Bevölkerung stand dort im Weg, wo sie sich der Ausbreitung der Viehbetriebe entgegenstellte. Ein Freibeuterstaat entstand, geschasste Landarbeiter konnten sich Geld damit verdienen, Ona und Yamana zu töten. Als Beweis für den durchgeführten Auftrag waren die abgeschnittenen Ohren der Indianer abzuliefern. Für jene gab es bald nur noch eine Heimat: Missionsstationen. Im Salesianer-Museum

... bei Colonia Sarmiento, ein Jahrtausendwerk von Wind und Regen.

Fortsetzung Seite 47

Die Versteinerten Wälder zeugen von der geologischen Vergangenheit Patagoniens.

von Punta Arenas kann man heute Zeugnisse dieser Zeit sehen. Doch die herrschenden Familien waren nicht nur gegen die heimische Bevölkerung grausam. Ihren Bedarf an Arbeitskräften deckten sie mit *peones*, Landarbeitern mit saisonalen Arbeitsverträgen. Sie rekrutierten sie aus dem Strom der Emigranten – Russen, Deutschen, Polen, Italienern, Spaniern, Portugiesen. Die importierten gleichzeitig auch ihre Gewerkschaftserfahrungen. Gegen die *latifundistas* im Süden formierte sich eine anarchisch-syndikalistisch orientierte Bewegung. Als diese wegen sinkender Löhne zum Streik aufrief, metzelte man auf der Estancia Anita der Braun-Menéndez 120 Arbeiter nieder.

Ihre gesellschaftliche Bühne ließen sich die Reichen im chilenischen Punta Arenas bauen, ausgerechnet in unmittelbarer Nähe zu einer Verwahranstalt für straffällig gewordene Geisteskranke. Ein verrückt gewordener Aufseher zündete Punta Arenas 1871 an, doch bald erwachte die Siedlung unter ihrem Eisschrank-Himmel erneut zu frischem Leben. Dort, an den bleifarbenen Wassern der Magellanstraße, entstanden Paläste mit riesigen Wintergärten, für deren Temperierung Millionen Holzstämme verfeuert wurden, und 1881 feierte man die Eröffnung des Opernhauses mit der frisch komponierten *Aida*. In der Nähe des heutigen Ushuaia bauten derweil die gefährlichsten Verbrecher Argentiniens ihr Gefängnis selber: den berüchtigten *Presidio*, Flucht unmöglich. Nur einem gelang der Ausbruch: dem russischen Anarchisten Simon Radowitzky, ein flackerndes Irrlicht tief im Süden. Allerdings floh er nach Punta Arenas – und von dort wurde er ausgeliefert.

Unterdessen brütete ein anglikanischer Missionar in den grauen Gassen Ushuaias über einem Wörterbuch der Sprache der fast schon ausgerotteten indianischen Stämme. Thomas Bridges, Sohn britischer Einwanderer, entdeckte, dass die Yamana ein Vokabular von 30 000 Begriffen kannten. Vierzig Jahre nach dem vernichtenden Urteil seines Landsmannes Charles Darwin über die «nach unseren Begriffen» unartikulierten Laute der Indianer erfolgte eine späte Wiedergutmachung. Das British Museum erwarb eine Erstausgabe des «Yamana-English Dictionary».

Das Traumziel vieler Bergsteiger: der Cerro Fitz Roy in Patagonien.

Einzigartige Naturschönheit im Nationalpark Torres del Paine.

Mächtige Araukarien wachsen am Fuß des Vulkans Lanín.

Eine Landschaft, die an die Schweiz erinnert: die Anden bei Esquel.

MIT DER «BEAGLE» NACH FEUERLAND

In seinem Buch «Reise um die Welt» schildert der britische Naturforscher Charles Darwin (1809–1882) seine Weltumsegelung an Bord der «Beagle», die ihn 1834/35 auch nach Patagonien und Feuerland führte.

Dezember, 21. – Die «Beagle» machte sich auf den Weg; am folgenden Tag dicht bei den Barnevelts, von einer schönen Ostbrise begünstigt, vorübersegelnd und am Cap Deceit mit seinen felsigen

Piks vorüberlaufend, umschifften wir ungefähr um drei Uhr das stürmische Kap Horn. Der Abend war ruhig und klar, und wir genossen einen schönen Anblick auf die umgebenden Inseln. Das Kap Horn indes forderte seinen Tribut und schickte uns noch vor der Nacht einen Sturm gerade in die Zähne. Wir wendeten nach der See hinaus und am zweiten Tage wieder dem Lande zu, wo wir an unserer Windseite dieses berüchtigte Vorgebirge in seiner eigentümlichen Form sahen, von Nebel verschleiert, und seine undeutlichen Umrisse von einem Wind und Wasser führenden Sturm umgeben. Große schwarze Wolken rollten quer über den Himmel, und Stürze von Regen mit Hagel wehten mit solcher äußersten Heftigkeit an uns vorüber, dass der Kapitän sich entschloss, in Wigwam Cove einzulaufen. Dies ist ein niedlicher kleiner Hafen nicht weit vom Kap Horn, und hier ankerten wir am heiligen Christabend in ruhigem Wasser. [...] Januar, 29. – Zeitig am Morgen kamen wir an dem Punkt an, wo sich der Beagle-Kanal in zwei Arme teilt. Wir fuhren in den nördlichen ein. Die Szenerie wird hier selbst noch großartiger als vorher. Die hohen Berge [...] sind mit einem weißen Mantel ewigen Schnees bedeckt, und zahlreiche Wasserfälle ergießen das Wasser durch die Wälder in die schmalen Kanäle darunter. An vielen Stellen erstrecken sich prachtvolle Gletscher von der Seite der Berge bis an den Rand des Wassers.

1. Die «Beagle» durchsegelt den nach ihr benannten Kanal im Feuerland-Archipel. 2. Porträt Darwins (Holzstich, um 1865). Rechts: In einer kleinen Bucht am Beagle-Kanal im Nationalpark Tierra del Fuego.

Als wir die westliche Mündung dieses nördlichen Armes des Beagle-Kanals erreicht hatten, segelten wir zwischen vielen unbekannten, öden Inseln hin, und das Wetter war elendiglich schlecht. Wir begegneten keinen Eingeborenen. Die Küste war beinahe überall so steil, dass wir mehrere Male viele Meilen zu rudern hatten, ehe wir Platz genug finden konnten, unsere Zelte aufzuschlagen; die eine Nacht schliefen wir auf großen runden erratischen Blöcken, zwischen denen faulendes Seegras lag. Und als die Flut stieg, mussten wir aufstehen und unsere Decken entfernen. Der weiteste Punkt nach Westen, den wir erreichten, war die Stewart-Insel, eine Entfernung von ungefähr 150 Meilen von unserem Schiff.

Mondähnliche Erosionslandschaft zu Füßen des Cerro San Lorenzo am Lago Pueyrredón.

HIMMEL, WIND UND WOLKEN

Der Himmel war vielleicht das Erste, was den europäischen Einwanderern an Feuerland auffiel. Der Wind fegt hier bis zu 180 Kilometern pro Stunde über die Erde hinweg und knickt alles um, was höher wächst als 1,50 Meter. Die Wolken haben gar keine Zeit, sich zu Gebilden aufzutürmen. Flach, durchsichtig, zerfranst rasen sie im Blau umher. Wie flatternde Fahnen zappeln die Baumkronen; Bäume mit Gardemaß haben hier keine großen Chancen.

Der Hirtenhund ist unentbehrlich, wenn die Schafe im Frühjahr auf den Estancias zur Schur zusammengetrieben werden.

Die Straße zwischen Ushuaia und der Estancia Harberton bauten die Insassen der Gefängnisse Presidio, Petiso Orejudo, Sacamano und wie sie alle hießen. Sie zeichneten für die Infrastruktur der Kolonie im äußersten Süden Feuerlands verantwortlich, für Mole, Hafen, Häuser, Straßen. Auf dieser Strecke sehen wir die scharf gebogenen Bäume, deren Wurzeln sich in die Erde krallen, als ginge es ums Überleben. Sie sind ein Symbol für diesen Landstrich geworden.

Im Schutz der Pappel: Estancia in der windigen Steppe bei El Calafate.

SCHAFE UND SEESPINNEN

Leben kann man hier von dem Fang der *centolla*, der Seespinne, die als teure Delikatesse auf den Speisekarten der Welt auftaucht. Und natürlich von den Schafen. Im Norden des argentinischen Feuerland setzte sich der Familienclan Braun-Menéndez-Nogueira-Behety fest. Die Estancia María Behety blieb auch nach den umfangreichen Gebietsenteignungen 1962 eine Riesenranch, hat einen Schurraum für 200 Plätze und ein Lebensmittellager. Die neun *capatazes*, Verwalter von María Behety, die in ihren Häusern auf dem Schafland wohnen, reiten anderthalb Tage lang, um das Haupthaus zu erreichen, wenn eine Lagebesprechung auf dem Terminplan steht.

Den Estancieros mangelt es an Nachwuchs. Viele ehemalige Gauchos sind sesshaft geworden. Keiner will mehr mit seiner Familie in dieser allzu grob gestrickten Infrastruktur leben. Die Kinder müssen zur Schule – früher sorgten die Estancias mit eigenen

Schulen für ihre Ausbildung –, man braucht Kleidung und manchmal auch ein bisschen Abwechslung. Dass die Männer hart arbeiten und Einsamkeit aushalten können, ist Voraussetzung für die Beschäftigung auf den Schaffarmen. Als *capataz* bewirbt man sich nicht, erzählt Paul Chevallier, Verwalter der María Behety,

Das Ochsengespann ist ein geländegängiges Transportmittel.

Viehtrieb in den *corral*, wo die Kälber das Brandzeichen erhalten.

und sie schicken auch keine Suchannoncen an die Zeitungen. Wer ans Tor kommt und fragt, ob es Arbeit gibt, der sei der Richtige.

Doch Feuerland soll und will nicht als ein Ort in die Annalen der Geschichte eingehen, in dem hauptsächlich Schafe und windgegerbte einsame Männer leben. Die Regierung hat mit Zollvergünstigungen reagiert, die Firmen dazu bewegen sollen, auf Feuerland ihre Produktionsstätten aufzuschlagen. Für die Argentinier selbst mag der tiefe Süden keine großen Reize bieten, Touristen zieht das malerisch gewordene Ushuaia an. Wie eine Miniatur des norwegischen Bergen lagert es unter der Maciel-Kordillere, wobei es sich selbst lieber mit der Schweiz oder Österreich vergleicht. Es ist Ausgangspunkt für Fahrten in die Antarktis, den traumhaften Nationalpark Tierra del Fuego und zu den Seen Yehuin, Fagnano und Escondido.

Auch das chilenische Porvenir will mehr sein als nur flach gewehter Vorposten auf Feuerland. Im Heimatmuseum blättert man die Geschichte auf: Ethnologie, Schaffarmen, kroatische Einwanderer. Das schön gelegene, selbst recht nüchterne Puerto Williams auf der Isla Navarino versteht sich als kleines, aber feines touristisches Zentrum für Trekker, die solche Kapriolen im Kopf haben wie, ans Ende der Welt zu wandern oder nach Kap Hoorn zu gelangen.

IM PIONIERLAND

Besuchen: ja, aber dort wohnen und arbeiten? Anders als früher gewinnt man mit dem Leben im Süden keinen Blumentopf mehr auf dem gesellschaftlichen Parkett der Hauptstädte. Vor hundert Jahren galten die patagonischen und feuerländischen Pionier-Estancieros noch als blendende Partie: Sie hatten Geld, bauten hochherrschaftliche Landsitze, ließen Steinway-Flügel und besten argentinischen Wein in die steinigen Hochebenen, die *mesetas*, bringen, und zur Ball- und Opernsaison fuhr man ohnehin wieder zurück nach Buenos Aires. Wer sich heute noch die Mühe mit dem Land macht, muss andere Ideale im Sinn haben, als bloß Geld zu verdienen.

Eulogio, den wir in Patagonien besuchen, hat etwa 800 Schafe, das ist ein bescheidener Besitz, der zudem schnell an Wert verliert. Denn Schafe sind hier nicht nur Tiere, mit denen man Geld machen kann, sie stellen selbst auch eine Form der Währung dar: Tausche Schafe gegen Brennholz, tausche Schafe gegen Torf. Eine Autopanne hat uns zu ihm geführt.

Die Fahrer des einzigen Pick-ups, dem wir zwischen Gobernador Gregores und El Calafate begegnet sind, hatten uns geraten, Eulogio aufzusuchen. Er öffnet seine Tür, ohne viel zu fragen und weist uns in

Fortsetzung Seite 59

LEBEN AUF DEN ESTANCIAS

Der Exportschlager des patagonischen Argentinien stammt ursprünglich aus Großbritannien. Zwischen 1885 und 1887 brachten Schotten ihre auf den Malwineninseln gezogenen Schafe in den Süden von Patagonien.

Die Herden kamen mit den rauen Wetterbedingungen gut zurecht, die hartfaserigen Sträucher und Polstergräser genügten ihrem Appetit. So ließen sich zwei Bedürfnisse gut verbinden: Die argentinische Regierung brauchte nach den Indianerfeldzügen Siedler für das leer geräumte Land. Europa hingegen war zu klein und unsicher geworden, zu arm auch. Glückssucher aus Großbritannien, Deutschland, Italien und dem einstigen Jugoslawien begannen sich in Patagonien niederzulassen. Die Weite der Landschaft ließ an Grenzen nicht denken. War ein Hügel abgeweidet, kam eben der nächste dran. Bodenbesitz galt und gilt häufig als soziales Statussymbol oder Spekulationsobjekt und erst in zweiter Linie als Produktionsfaktor. Über die ökologischen Nachteile der extensiven Viehwirtschaft zerbrach man sich hier nicht den Kopf. Patagonien ist wie ein Spiegel, der die heimatlichen Wurzeln der *estancieros* reflektiert. Lebensform wie Hausmobiliar entstammen oft genug noch der Gründer-, der Aufbruchszeit. Eine eigene Welt ist da entstanden: Die großen Estancias gleichen eher kleinen Dorfanlagen als Viehbauernhöfen, sie haben eine eigene Schule und eine Kapelle, ihre Häuser sind Museen in eigener Sache, und das Gesetz macht der Estanciero auch gleich selbst. Die Angestellten werden mit hofeigenen Produkten versorgt und vom Besitzer untergebracht.

3

1

4

1. Die Bar «El Gauchito» in Camarones, mit weihnachtlicher Dekoration. – 2. Mate-Tee-Zeremonie, ein patagonisches Ritual: Die Teeblätter werden mit kochendem Wasser übergossen, und den Sud saugt man durch die silberne *bombilla* ein. – 3. Vorbereitungen für die Schur von fast 30 000 Schafen auf der Estancia Viamonte in Feuerland. 4. Mit Steigbügeln geboren: die Gauchos.

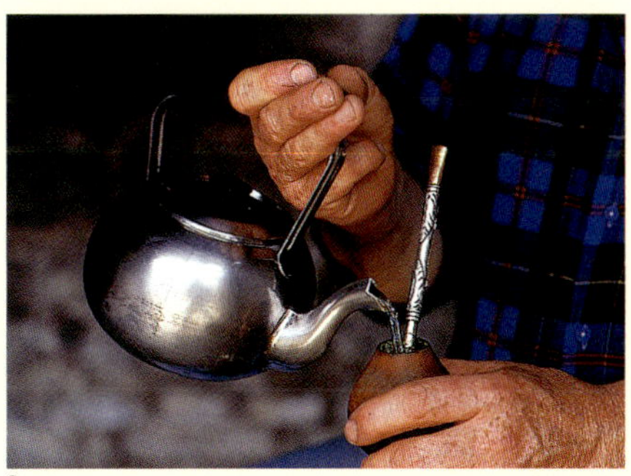

2

Um eine Estancia führen zu können, benötigt man normalerweise nicht viel Personal. Die mittleren Betriebe von 4000 bis 10 000 Schafen kommen mit dem *capataz*, dem Obmann für die gesamten Arbeiten, einem *mécanico*, Handwerker, und einigen *peones*, Landarbeitern, aus. Größere beschäftigen zusätzlich einen Verwalter, den *mayordomo*, und *puesteros*, Verantwortliche für die Außenstationen im Gelände, die unabhängig arbeiten. Für weitere Arbeiten werden Leute saisonal oder auch nur wöchentlich eingestellt. Die Kontakte sind informell organisiert. Keinem Estanciero fiele es ein, eine Zeitungsanzeige aufzugeben, um einen Gehilfen zu suchen. Wo auch? Die Nachfahren der Gauchos streifen immer noch im Land umher und bieten ihre Arbeitskraft an.

Heute leben 20 Millionen Schafe in Patagonien; neben den Wolllieferanten *Merino Argentina* und *Merino Australiana* sind es der *Corriedale* und *Lincoln*, der *Hampshire Down* und der *Karakul*, von denen auch Fleisch und Häute verwendet werden. An den Besitzverhältnissen hat sich nichts geändert, noch immer gehören zwanzig Prozent der nutzbaren Fläche den *latifundistas*, die nur ein Prozent der landwirtschaftlichen Betriebe stellen.

Nach wie vor einträgliche Rinderzucht in einer Estancia am Lago Pueyrredón.

EIN LEBENDIGER MYTHOS – DIE GAUCHOS

Gibt es sie noch? Die legendären Gesellen der Pampa, die reiten konnten wie die Teufel? Diese freiheitsdurstigen einsamen Männer, denen die Gesellschaft eines Pferdes lieber war als die eines Menschen?

Die so merkwürdig angezogen waren mit ihren Röcken aus Leder, deren Heimat die freie Luft war oder am besten gleich das Himmelszelt. Die sich nur von Fleisch ernährten. Die immer noch ein bisschen wilder waren als die Cowboys. In einem Museum in Buenos Aires hat man ihnen ein Denkmal gesetzt. Man fühlt sich an kirchliche Schatzkammern erinnert, so silbern prunkt es aus den Vitrinen. Kunstvoll beschlagene Messerscheiden, silberne Sporen, luxuriöse Gefäße für den Mate-Tee, Pferdegeschirr aus Gold mit silbernen Einlegearbeiten, kurz, eine unverhoffte Pracht an ungewohnter Stelle. Diese Reichtümer soll der Herr der Ebenen aufgehäuft haben? Die gemalten Genreszenen zeigen den Gaucho gerne zusammen mit Freunden und Freundinnen beim Tanz, und wieder zerbricht ein Klischee. Natürlich werden wir ihm so nicht mehr begegnen. Die Gauchos haben sich als Mythos in das Bild Argentiniens eingebrannt – eine schöne nationale Machofolie. Sie begannen als mestizische Außenseiter der spanischen Kolonialgesellschaft, die im 17. Jahrhundert die magische Grenze zur Zivilisation überschritten und sich mit den Indios vertrugen, und erhoben sich zu den legendären Reiterarmeen, die der aus Salta stammende Martín Miguel Güemes für die Unabhängigkeitskriege zusammenstellte. Unter dem Diktator Manuel de Rosas (1835–1852) wurde der Gaucho dann zum nationalen Leitbild stilisiert, doch gleichzeitig bereitete das junge Argentinien ihm auch seinen Abstieg: Die Landaufteilung, das Errichten der *estancias*, stahl ihm seinen Lebensraum. Einst Herr über frei herumstreifende Pferde und Rinder, galt er nun als entrechteter Viehdieb. Präsident Faustino Sarmiento (1868–1874) verbannte ihn zurück in die Barbarei, tat ihn als ungebildeten Raufbold ab. Als Gegenwehr entstand 1870 der «Martín Fierro», ein Manifest zur Wahrung des Eigensinns, ein rückwärts gewandter Traum, dessen rebellische Konnotation aber durchaus verstanden wurde: So nannte der argentinische Regisseur Fernando Solanas («Sur») seine Argentinienparabel auf die Militärdiktatur «Die Kinder des Martín Fierro».

1

3

2

1. Abschied von der Braut. Auch im Leben der heutigen Gauchos ist kaum Platz für eine Familie. Der einzige Besitz der versierten Reiter sind meist das Pferd, ein Poncho, der Sattel und die klirrenden Sporen.
2. Hier haben sie zu einer Rast ihr Lager aufgeschlagen. – 3. Der Gaucho ist ein Archetyp der Pioniere und zugleich Gegenbild zum Estanciero: Wie ein Nomade zieht er durch das Land, von Estancia zu Estancia.

Die Gauchos, deren Name auf Araukanisch «Waise» bedeutet, mag man in den Landarbeitern erkennen, die durch Patagonien streifen, mit ihren indianischen *boleadoras*, den Wurfkugeln, einem zweiten Pferd und einem Hund. Besitz verachten sie, den silbernen Lohn pflegten sie sich an den Gürtel schlagen zu lassen, geregelte Familienbeziehungen entstehen selten. In ihren Festen, den *rodeos*, bewahrt sich eine Spur des Überlebenskampfes, den ehemals der Waise in der Wildnis ausfocht. Aus einem Gaucho wird kein Estanciero und kein Biedermann. Niemals.

seiner sauberen, spartanischen Wohnküche Sitzplätze zu. Mehr könne er nicht tun, Werkzeug habe er nicht, geschweige denn intakte Reifen. Stattdessen bietet er uns schüchtern seine Gastfreundschaft an, bewirtet uns mit dem obligaten Mate-Tee und Weißbrot.

Von den Schafen leben nicht nur die *latifundistas*. Es gibt viele kleine und mittlere Anwesen, deren Weidefläche zwischen 1000 und 4000 Hektar variiert. Gewirtschaftet wird extensiv. Das schüttere Pflanzenkleid lässt keine anderen Möglichkeiten zu. Sobald man das Koordinatensystem der nur selten asphaltierten Straßen verlassen hat und die breiten *tranqueras* – Zauntore, die die Viehkoppeln voneinander trennen – passiert, sieht man die Konsequenzen: Gnadenlos überweidete Hänge, verlassen von Schafzüchtern, die Beruf oder Land oder beides aufgegeben haben, dehnen sich über hunderte von Kilometern aus.

Das chilenische Patagonien jenseits der Anden dagegen versinkt im Regen. Auch hier stoßen wir auf Pionierland, auch hier musste man erstaunlich zäh und von der Vorstellung beseelt sein, dass das Leben hier besser sei als irgendwo sonst. Die Erschließungsstraße des Südens, die Carretera Austral, 1979 begonnen, kriecht von Chaitén aus ihrem endgültigen Ziel Puerto Natales unermüdlich entgegen, fertig ist sie noch längst nicht. Unter den Kuppeln eines kalten Regenwaldes voller Orchideen, haushoher Farne und baumgroßer Fuchsiensträucher haben sich ebenfalls Familien niedergelassen. Seit dem Ende des 19. Jahrhunderts versuchten immer wieder Expeditionen, neuen Lebensraum zu erschließen in dem langen Land Chile, dessen Grenzen im Norden Salpeterwüsten und im Süden Gletscherfelder umschließen.

Wer hier Vieh züchten wollte, musste erst einmal dichten, sumpfigen Dschungel roden. Juan Luis Gálvez wurde fast auf einem Pferd geboren. Nach einem einsamen Dreitagesritt erreichte seine hochschwangere Mutter endlich das Krankenhaus in Puerto Aisén. Ihr Mann befand sich hinter den Bergen, in Argentinien, um Vieh für die eheliche Farm zu kaufen. Vieh haben sie heute noch, erzählt Juan Luis bei einem Ausritt auf seinem *fundo*, wie man die Viehfarmen in Chile nennt, aber sein Geld verdient er mit US-amerikanischen Fliegenfischern, die seine Farm in der Saison komplett mit Köchin und *guides* mieten.

ERDÖL IN PATAGONIEN

Patagoniens Wirtschaft setzt nicht nur auf Schafe. Es gibt Erdöl. Río Gallegos, am Mündungsdelta des gleichnamigen Flusses gelegen, war einst eine britische Enklave. Sein bescheidenes Aufblühen in den

Ohne *criollo*, ohne Pferd, kein Gaucho – das gilt auch heute noch.

Gauchos in einem fruchtbaren Tal am Fuß der Anden bei Esquel.

letzten Jahrzehnten verdankt es den Erdölfunden. Die Hotels der Stadt sind oft mit den dort Beschäftigten dauerbelegt. Nein, sie würden hier nicht hinunterziehen, sagen die aus Buenos Aires stammenden Ingenieure, mit denen wir sprechen, das hier unten sei doch kein Leben, das sei reine Arbeitszeit.

Comodoro Rivadavia, 800 Kilometer weiter nördlich, in die hügelig aufgeworfenen Schichten Mittelpatagoniens gebettet, mit einem Kranz aus Förderpumpen auf den Hügelkuppen, deren monotones Gekreisch alles übertönt, hat etwas seltsam Weltentrücktes. Die einzige Ausflugsmöglichkeit besteht zu dem zwei Kilometer entfernten Badeort Rada Tilly, dem südlichsten von Argentinien. Die Förderzahlen

Das Ochsenjoch leistet auch heute noch treue Dienste.

sind rückläufig, trotzdem stammen immerhin sechzig Prozent der nationalen Ölfördermenge aus der Umgebung von Comodoro Rivadavia. Und so macht man die Stadt selbst zum Fördergebiet: Die Hügel wurden gekappt, und derart ihrer Konturen beraubt, bedrohen sie das Stadtgebiet mit Erdabrutschen.

Gebaut wurde Comodoro Rivadavia ursprünglich als Verschiffungshafen für die landwirtschaftlichen Produkte der 156 Kilometer entfernten Colonia Sarmiento. Als wir uns auf den Weg dorthin machen, schicken die Pumpen ihr Gequietsche noch eine Weile hinterher, dann wird es wieder still.

Gauchos der Estancia Cerro Paine im Nationalpark Torres del Paine.

DER SIEGESZUG DER SCHAFE

Nicht alle, die einen Benetton-Pullover tragen, können sichergehen, dass die Wolle von einem patagonischen Merinoschaf stammt – aber doch viele. Der italienische Familienbetrieb kaufte in den 1990er-Jahren die Estancia Leleque, mit 850 000 Hektar die größte in Argentinien.

Sie liegt zwischen San Carlos de Bariloche und Esquel und hat eine eigene Eisenbahnstation, an der früher der berühmte Patagonien-Express, heute die *trochita*, hielt. In diesem wegelosen Riesenland war er hauptsächlich für die Arbeiter, *peones*, gedacht. Sie kamen mit ihren Familien und ihrem Gepäck und reisten an und reisten ab, gerade so, wie es die Arbeitsmarktlage erforderte. Auf Leleque grasen 280 000 Merinoschafe für Benetton, in unmittelbarer Nachbarschaft zu den Estancias von Sylvester Stallone, Ted Turner und Bruce Willis, die sich in dieses waldige Gebiet am Saum der Anden eingekauft haben, so wie Butch Cassidy und Sundance Kid vor ihnen. Eine illustre Parade. Aber im Gegensatz zu ihnen investiert Firmenoberhaupt Carlo Benetton in die Entwicklung dieser einsamen Region, sagt er. Alle Beschäftigten seien Argentinier, und viele unter ihnen seien Indianer. Der Verwalter freilich heißt Ronald Mc Donald. Immer noch ist Argentinien führender Rind- und Getreideproduzent der gesamten Region. Von den 280 Millionen Hektar Landfläche stehen mehr als die Hälfte als Weide für Rinder und Schafherden zur Verfügung. Die Ausfuhr von landwirtschaftlichen Produkten nimmt den größten Posten in der Handelsbilanz ein. Und das bedeutet: ein beispielloser Siegeszug des Schafs.

Denn was ließ sich anfangen mit den recht staubigen und nahezu unbesiedelten Landmengen im Süden und auf Feuerland? 1550 wurden Ziegen und Schafe von Peru aus mitgebracht, und nichts weiter ist bekannt. Rund 320 Jahre später reiste der chilenische Gouverneur Diego Almeyda an Bord der «Chacabuco» zu den Falklandinseln und erwarb mit staatlicher Genehmigung 300 Schafe, die er in Punta Arenas dem Briten Henry Reynard verkaufte. Die ersten Ansiedlungs- und Zuchtversuche waren von wenig Erfolg gekrönt, doch die hohen Wollpreise auf den internationalen Märkten verführten nicht wenige dazu, es erneut damit zu probieren.

Erste Untersuchungen über die Tauglichkeit des patagonischen und feuerländischen Bodens für die Schafzucht stellten 1885 und 1887 aus den Falklands eingewanderte Schotten an. José Nogueira, José Menéndez, die Geschwister Sara und Mauricio Braun und José Montes kauften sich Land von San Gregorio über die Laguna Blanca bis zu den Senos Otway und Skyring. Später erwarb José Nogueira noch die Bahía Gente Grande auf Feuerland. Feuerland kannte keine Grenzen, zumindest für die Viehzüchter nicht, und

1

2

3

5

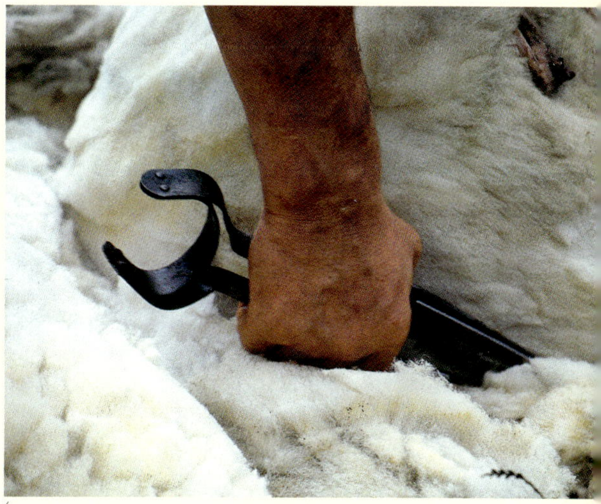

6

4

1.–6. Die Schafzucht ist noch immer ein bedeutender Wirtschaftsfaktor in Feuerland und Patagonien. Exportiert wird vor allem die Wolle, das weiße Gold. Im Frühjahr, wenn die Schur erfolgt, herrscht Hochbetrieb auf den Estancias – hier auf der Estancia José Menéndez bei Río Grande. Heute brauchen die Trupps professioneller Schafscherer nicht einmal drei Minuten, um ein Schaf mit dem Elektromesser in harter Akkordarbeit von seiner Wolle zu befreien.

1908 herrschte die von den Pionierfamilien gegründete *Sociedad Explotadora de Tierra de Fuego* über Río Grande, über Schiffe und Geschäfte, über Schlachtereien und Kühlhäuser. Die Schafe hatten sich in weißes Gold verwandelt.

Die Estancia María Behety, 15 Kilometer westlich von Río Grande, ragt als Relikt aus dieser Epoche in unsere Geschichte hinein. Ihre Taufpatin ist María Behety, Schwester von José Menéndez. Mit der Agrarreform von 1962 wurden die unvorstellbar großen Landgüter aufgeteilt, parzelliert, die Gutsbesitzer gegen Entschädigungen enteignet. Die 1897 gebaute María Behety stellt heute nur ein Puzzleteilchen der ursprünglichen Besitzungen dar, aber sie hat immer noch die größte Schurhalle der Welt mit einer Aufnahmekapazität von 7000 Tieren und Platz für 200 Scherer. Die 39 000 *Coriedales* liefern immerhin pro Jahr 200 000 Kilogramm Wolle. Die Bibliothek, das Haus des Verwalters, die Schule, alle konservieren sie den altmodischen britischen Landhausstil, wie er damals üblich war: Blumentöpfe vor den Fenstern, Holzzäune vor den Gärtchen. Seit dem neuen Jahrtausend allerdings verlässt man sich auf María Behety nicht mehr nur auf die Schafe. Eine Lodge ist eingerichtet worden, für alle, die in einem der Flüsse des riesigen Landbesitzes fischen wollen.

Im Hügelland am Ufer des Río Grande: die traditionsreiche Estancia José Menéndez.

EL SUR – DER SÜDEN

Keine Diamanten, keine Edelsteine, keine andalusischen Patios der Cäsaren, keine Riesen und nur ein ganz kleines bisschen Gold: Patagonien und Feuerland enttäuschten die Fantasien der ersten Entdecker und Konquistadoren ganz erheblich. Doch wenn wir heute von magischen Namen sprechen, dann haben diese beiden Namen einen guten Klang.

Er kalbt als weltweit einziger wachsender Gletscher in einen See, ...

... der urweltliche «Drache» Perito Moreno am Lago Argentino.

Und wie sehr erst Kap Hoorn, Magellanstraße, Beagle-Kanal, Darwin-Kordillere, Estancias, Gauchos.

Aufgefunden worden ist schließlich und endlich *El Sur*, der Süden. Und er hat von seiner mythischen Faszination eigentlich nichts eingebüßt. El Sur, das ist immer noch ein leeres Blatt, das jeden auffordert, hier seine Geschichte einzuschreiben. Es ist immer noch das Gefilde der Pioniere und der Träumer. Die Heimat der Wünsche und der Freiheit, auch wenn sie – wie im Fall der in ihren Heimatländern politisch verfolgten Einwanderer – nicht immer freiwillig erträumt wurden. Die persönliche Sicherheit wurde erkauft mit einer ungewissen Zukunft in einem unbekannten Naturraum von unvorstellbarer Größe. Und dieser Raum war unberechenbar und wild, Pflanzen und Tiere waren zum großen Teil unbekannt: Straußenvögel, Kondore, Guanakos, Albatrosse, Gürteltiere, Schwäne mit schwarzem Hals, See-Elefanten.

Orientieren wir uns auf der Landkarte: Auf argentinischer Seite sehen wir in einem riesigen, fast unbewohnten Gebiet kaum Straßen, kaum Ortschaften, einige wenige Estancias. Auf chilenischer Seite im Rücken der Anden eine von zahllosen Fjorden und Flüssen zerfräste schmale Landbrücke, mit Vulkanen, Wäldern, Gletscherseen und Eisfeldern dicht besetzt, und auch hier nur ein paar winzige Siedlungen, Pünktchen auf dem Papier.

In dieser Landkarte kann man lesen wie in einem Buch: Die ursprüngliche, sehr vielfältige Natur und die Versuche, diese zu zähmen und zu besiedeln, stehen auch heute noch Seite an Seite. Das argentinische Patagonien beispielsweise weist ein wüstenähnliches Klima auf. Nur wenigen Flusssystemen gelingt es, die harten Schichtstufen und weit gespannten Hochebenen zu durchfurchen. Polstrig aufgeplusterte Strauchgewächse bedecken den geröllreichen Boden, die *barba de chivo*, die *malaspina* und die *uña de gato*, der *calafate*, der *tomillo* und *neñeo*, die *matamora* und die *flechilla*, deren Namen auch in der

Die surrealistisch wirkenden Eiszacken des Gletschers Perito Moreno.

Criollos, abstammend von den Pferden der spanischen Eroberer.

deutschen Übersetzung ziemlich struppig klingen: Ziegenbart, kleiner Pfeil, böser Dorn, Katzenkralle.

EIN MEER AUS LAND

Ein Meer aus Land, die Erde vom Wind geriffelt wie Wellen, in denen einsame Estancias wie Schiffe schwimmen – so sieht es aus in den Provinzen Chubut und Santa Cruz. In der Nähe zu den heutigen

Das sonst gelbe Pampagras der Steppe in saftigem Frühlingsgrün.

walisischen Siedlungen am Río Chubut reckt sich das Tierparadies Península Valdés wie eine Axt in den Atlantik. Den französischen Autor des *Kleinen Prinzen* und Piloten der Postflugzeuge Argentiniens, Antoine de Saint-Exupéry, soll der Umriss zu seinem Bild vom Elefanten im Bauch der Schlange inspiriert haben. Die Halbinsel Valdés bietet in ihren Buchten Vögeln, Seelöwen, See-Elefanten, Pinguinen und Walen – den größten in ganz Amerika – Nistplätze und Schutzraum. Tagelang kann man zwischen den verschiedenen Orten zu den Beobachtungsposten pendeln, und, mit dem Fernstecher ausgestattet, das Alltagsleben in den riesigen Tierkolonien mitverfolgen.

Die Waliser, die das Dorf Gaiman aufbauten, sind von dieser außergewöhnlichen Natur, den Walen und See-Elefanten, wesentlich weiter entfernt als die tatsächlich vermessenen 67 Kilometer, die die Landkarte verzeichnet. Obstbäume, Getreide- und Kartoffelfelder umgeben das von Pappeln gesäumte Örtchen am Fluss. Früchtehecken rahmen die niedrigen, heimeligen Anwesen ein. Beliebt ist Gaiman vor allem bei ar-

Auf dem Weg zum Paso Rodolfo Raballos, nahe dem Lago Posadas.

gentinischen Besuchern. In den gemütlich eingerichteten Häusern wird «High Tea» serviert, mitten in einer rauen Umgebung, wo früher der Puma auf Pirsch ging. Hier versichern sie sich, dass ihre Vorfahren wirklich aus Europa stammen und nicht etwa in den steinigen Wüsten der Umgebung Pfeilspitzen bastelten.

Im Landesinnern breitet sich 30 Kilometer südlich des Obst- und Gemüsestädtchens Colonia Sarmiento eine Landschaft aus, die tatsächlich aus der Urwelt stammt: die Versteinerten Wälder *José Ormachea*. Auf dem mit Splittern übersäten Boden liegen ausgehöhlte Baumstümpfe, als hätte sie gerade erst jemand dorthin geworfen, steinerne Abbilder von Stämmen krallen sich in den Untergrund fest. Die kahlen Wände der umliegenden Gebirge sind in die Farbenpracht von Erztönen gehüllt, gestreift in den Farben Gold, Grün, Ocker, Orange. Seit Jahrmillionen arbeitet die Erosion ihre Formen in die Landschaft hinein, hat die sich verschiebende und sich faltende Erdkruste immer wieder Stümpfe und Äste an ihre Oberfläche gedrückt. Grandios sieht das aus und sehr fremd.

Folgen wir den Spuren der Waliser quer über die Mesetas an den Rand der Anden. Das Marktörtchen Trevelín wurde als wirtschaftliches Zentrum gegründet. Um die fruchtbare Erde dort wird so mancher an

Das Valle Encantado, das verzauberte Tal, nördlich von Bariloche.

Festung aus Fels und Eis: die Darwin-Kordillere am Beagle-Kanal.

der Küste Gebliebene seinen weitergezogenen Freund beneidet haben. An der hohen Schranke der Anden regnen sich die Wolken aus, und dichte Wälder voll wertvollen Holzes umschließen Seen, so groß und bunt und wild verzweigt, wie die Waliser sie noch nie gesehen hatten. Eine Aureole von Vulkangipfeln glänzt schneeschimmernd über den Baumwipfeln.

Ein wenig nördlich davon war bereits San Carlos de Bariloche entstanden. Ein Zug verband ab 1934 Bariloche mit Ingeníero Jacobacci, das wiederum mit Buenos Aires verknüpft war, und ein südliches Gleis führte nach Esquel. Die *trochita* mit einer Dampflok aus dem Baujahr 1927, made in Dresden, verkehrt übrigens heute noch für Touristen von Esquel aus.

Im selben Jahr wurde das Nationalpark-Gesetz verabschiedet. Gebiete von bemerkenswerter landschaftlicher Schönheit sollten geschützt, gleichwohl dem Tourismus erschlossen werden. Besonderen Wert legte man auf die Erhaltung des Regenwaldes der Südkordillere. Bariloche am «König der Seen der Welt», dem Lago Nahuel Huapí, machte den Anfang. Die Verkehrsverbindung stand. Und landschaftliche Schönheit gibt es hier im Überfluss. Die Arrayane mit dem zimtfarbenen, spiralig gedrehten Stamm, die die Lufttemperatur sinken lässt, und die exotische Tanne Araukarie sind schützenswerte Spezies. Als *Suiza Argentina*, die argentinische Schweiz, bezeichnete man die Region kurzerhand – oder auch als *edén de América*.

Überquert man die Anden, schließt sich der chilenische Parque Nacional Vicente Pérez Rosales an, der in seinem Innern den tiefgrünen See Todos los

Santos verbirgt. Auch er ist der älteste Nationalpark seines Landes. Weiter nördlich, aber vor allem weiter südlich, bedecken die Nationalparks wie Patchworkschnipsel den vulkanischen Boden. Nacheinander entstanden die Nationalparks Alerce Andino, Hornopirén und der Parque Pumalín, dann auf der argen-tinischen Seite Los Alerces. Die Lärchenart Alerce wird botanisch unter dem Namen *fitzroya cupressiodes* geführt und ehrt damit den Kapitän der «Beagle». Vulkane, einer prachtvoller als der andere, überragen die reiche Seenlandschaft: der noch aktive Lon-

Riesiges Skigebiet bei Bariloche: Blick vom Cerro Catedral (2388 m).

Im Nationalpark Queulat stürzen imposante Wasserfälle in die Tiefe.

quimay, Llaima, Lanín, Villarrica, Quetrupillán, Choshuenco, Puyehue, Puntiagudo, Osorno, Calbuco, Hornopirén, Michinmávida, Corcovado. Aber nur einer hat auch noch einen hängenden Gletscher, einen gefrorenen Wasserfall: der Ventisquero Colgante im Parque Nacional Queulat tief im wilden

Vulkan Osorno am Lago Llanquihue, dem zweitgrößten See Chiles.

Süden von Chile. Dichte Südbuchenwälder, Ulmen und der valdivianische Regenwald rahmen sie ein.

GLETSCHER UND GAUCHOS

Puerto Montt galt bis in die 30er-Jahre des 20. Jahrhunderts als das Ende des bewohnbaren Chile. Weiter im Süden waren die Städte Coyhaique, Puerto Aisén, Puerto Natales und Punta Arenas aus wirtschaftlichen Überlegungen gegründet worden, und

Lago Villarrica, majestätisch überragt vom gleichnamigen Vulkan.

Fortsetzung Seite 79

REISE DURCH DAS LAND AM ENDE DER WELT

Auf seinen Reisen galt das Augenmerk Bruce Chatwins (1940–1989) vor allem den Eigenarten und Schicksalen der Menschen, die in der Weite leben – so auch in seinem Reisebericht «In Patagonien» (1977).

Patagonien beginnt am Río Negro. Um die Mittagszeit fuhr der Bus auf einer Eisenbrücke über den Fluss und hielt vor einem Lokal an. Eine Indianerin und ihr Sohn stiegen aus. Die Frau hatte zwei Plätze ausgefüllt. Sie kaute Knoblauch und trug klimpernde, echte goldene Ohrringe und einen steifen weißen Hut, den sie an ihren Haarflechten festgesteckt hatte. Während sie sich und ihre Pakete aus dem Bus auf die Straße manövrierte, ging ein Ausdruck des Abscheus über das Gesicht des Jungen.

Die festen Häuser des Dorfes waren aus Backsteinen gebaut, mit schwarzen Ofenrohren und einem Gewirr von elektrischen Drähten auf den Dächern. Wo die Backsteinhäuser aufhörten, begannen die Indianerhütten, die aus Pappkartons, Kunststofftafeln und Sackleinen zusammengeschustert waren.

Ein Mann ging allein die Straße hinauf. Er hatte seinen Filzhut tief ins Gesicht gezogen und trug einen Sack auf dem Rücken. Er ließ den Ort hinter sich und verschwand in den weißen Staubwolken. In einem Hauseingang standen ein paar Kinder und quälten ein Lamm. Aus einer Hütte drang Radiomusik und das Geräusch von brutzelndem Fett. Ein magerer Arm kam zum Vorschein und warf einem Hund einen Knochen zu. Der Hund nahm ihn und stahl sich davon. […]

Um das Dorf herum lagen bewässerte Mais- und Kürbisfelder sowie Obstgärten mit Kirsch- und Aprikosenbäumen. Am Fluss bogen sich die Weiden im Wind und zeigten die silbrigen Unterseiten ihrer Blätter. Die Indianer hatten Weidenruten geschnitten, und man sah die frischen weißen Schnittflächen und roch den duftenden Saft. Durch die Schneeschmelze in den Anden war der Fluss angeschwollen, das Wasser eilte durch

das raschelnde Ried. Purpurschwalben jagten Insekten hinterher. [...]
Ich kletterte einen Pfad hinauf und schaute von oben stromaufwärts in Richtung Chile. Ich sah, wie der Fluss sich schimmernd und schlängelnd zwischen den knochenweißen Klippen und Streifen smaragdgrüner Felder zu beiden Seiten dahinzog. Jenseits der Klippen lag die Wüste. Kein Geräusch war zu hören, nur der Wind, der durch das Dornengestrüpp fegte und durch trockene Grashalme pfiff. Und kein Lebenszeichen außer einem Habicht und einem schwarzen Käfer, der gemächlich über weiße Steine krabbelte.
[...] ich wanderte in nördlicher Richtung durch eine von tiefen Schluchten und Tafelbergen durchzogene Landschaft, wo die ungewöhnlichsten Farben an die Erdoberfläche gedrungen waren. An einer Stelle waren die Felsen abwechselnd fliederfarben, rosa und zitronengrün. In einem hellgelb glitzernden Schlund lagen die Knochen ausgestorbener Säugetiere. Er führte zu einem von roten Felsen umringten, ausgetrockneten Seebett, auf dessen Grund Kuhschädel aus einer schuppigen Kruste von rotgelbem Schlamm herausragten. Beim Anblick dieser unnatürlichen Farben bekam ich Kopfschmerzen, die aber sofort nachließen, als ich einen grünen Baum entdeckte – eine Pyramidenpappel, ein Zeichen dafür, dass Menschen in der Nähe waren.

Oben: Die Abendsonne überzieht die Felsnadeln des Cerro Torre und des Cerro Fitz Roy mit einem glühenden Goldschimmer. Mitte: Der britische Journalist Bruce Chatwin zog sechs Monate durch Patagonien und schilderte seine Eindrücke in seinem Erstlingswerk «In Patagonien». – Unten: 65 Millionen Jahre alt: die Baumstämme in den schillernden Versteinerten Wäldern.

man konnte sie lediglich mit dem Schiff erreichen. Seit 1979 nun schlingert die Carretera Austral durch den Nebelwald des großen chilenischen Südens, um die stecknadelkopfgroßen Siedlungen zu verbinden. Über 1000 Kilometer bis hinunter nach Villa O'Higgins sind geschafft, projektiert ist sie bis Puerto Natales. Kein Mensch hat vermutlich je daran gedacht, dass diese Landstraße einmal ein Touristenereignis werden könnte. Aber genau so ist es. Der dichte Nebelwald aus *coihues* und Erlen, die Fuchsienbüsche, Orchideenstauden, der Bambus und die haushohen Farnbüsche vor dunkelgrünen Seen und Vulkangletschern sind eine Attraktion. Überall sind Pensionen für Besucher entstanden, die sich dem Fliegenfischen, Reiten und Wandern widmen, in Chaitén, Puyuhuapí, Futaleufú, in Coyhaique, am Lago Yelcho, am Lago General Carrera, am Río Baker und in Cochrane. Auf der anderen Seite der Grenze verbindet die Ruta Cuarenta Ortschaften mit Estancias, die ihre besondere Lage und ihre gemütlichen Landsitze als zweite Erwerbsquelle entdeckt haben: Die touristische Nachfrage nach Ausritten und Wanderungen durch das wilde Land der Gauchos nimmt stetig zu.

Setzen wir hier die Reise in den Süden fort, stoßen wir auf die größte zusammenhängende Eismasse der Welt südlich der Karibik und nördlich der Antarktis: den *Campo de Hielo Sur*. Die Andenrücken sind hier bereits komplett vergletschert. Zu dem mit 22 000 Quadratkilometern größten glazialen Urweltfeld der Südhalbkugel, viermal so groß wie die Alpen, gehört der argentinische Perito Moreno, der einzige wachsende Gletscher der Welt, der in einen See kalbt. Lange bevor man ihn sieht, hört man ihn schon. Die tundragrüne Umgebung voller rot besternter Sträucher, der *calafates*, sirrt von den Lauten des berstenden Eises: sanfter Donner und spitzes Zischen, leises Knacken und Pfeifen. Zwischen dunkel bewaldeten Gebirgswänden schiebt sich ein gewaltiger Strom aus gestocktem Eis und Schnee ungefähr fünf Kilometer breit ins Blickfeld. Täglich wachsen die 195 Quadratkilometer Eis und Schnee um etwa einen Meter hinein in den Lago Argentino. Diese Masse ist mit Zacken besetzt, so spitz wie der Schmuck an gotischen Kathedralen,

Möwenfüttern am Lago Nahuel Huapí, bei San Carlos de Bariloche.

Anlegestelle für Bootsfahrten zum Perito-Moreno-Gletscher.

Am Vulkan Llaima – allein seit 1900 mehr als 20-mal ausgebrochen.

Naturschauspiel: Eisabbrüche des Perito-Moreno-Gletschers.

von dunklen Schluchten und Tunneln unterhöhlt. Aber Eis ist nicht gleich Eis: Die kristallinen Marmorierungen vom Himmel- bis zum Tintenblau zeigen den Sauerstoffanteil an, der in der Masse während ihrer Bewegungen eingeschlossen wurde, die grauschwarzen Schleier auf seiner Oberfläche den Grad der Umweltverschmutzung und natürlich sein Alter. Der Gletscher Perito Moreno zählt zu den dramatischs-

Nasskaltes Vergnügen: Ob Canyoning am Lago Todos los Santos ...

ten Naturschauspielen Argentiniens. Um ihn herum schützt der Nationalpark Los Glaciares noch viele weitere Höhepunkte, beispielsweise den Gletscher Upsala, auf dessen Ausdehnung von 595 Quadratkilometern ganz Buenos Aires unterzubringen wäre, und die Inselchen zwischen den Gletschern Spegazzini und Onelli, deren moosiger Grund mit Veilchen, Pantoffelblumen, Orchideen und Löwenzahn geschmückt ist.

Im Norden des Parks befindet sich der Lago Viedma, den man über eine Schotterpiste erreicht. Milchgrün lagert er zu Füßen der Granitnadeln des Fitz-Roy-Massivs, das mit 3375 Metern höhenmäßig zwar keine Rekorde schlägt, doch durch seine verwunschene Optik bezaubert. Der Prospekt ist aus senkrecht in die Höhe schießenden Felsnadeln mit Zackenkronen aufgebaut und weist bis heute jeden Laien – und so manchen Profikletterer – in die Schranken. Der Cerro Torre ist erst in den späten 50er-Jahren des 20. Jahrhunderts bezwungen worden.

... oder Riverrafting auf dem wild schäumenden Río Petrohué, ...

Seine Schwestern befinden sich jenseits der Anden auf chilenischer Seite, im mittlerweile weltberühmten Nationalpark Torres del Paine, schön zu erreichen über die Ruta Cuarenta von El Calafate aus, dem hübschen Ferienort am Lago Argentino. In der armseligen Kohlestadt Río Turbio geht es über die Grenze nach Puerto Natales, das sich infolge der wachsenden Nachfrage vom nationalen Schlacht- und Kühllager für patagonische Schafe zum lebhaften Touristenstädtchen gewandelt hat. Der *Seno Ultima Esperanza*, «Meerbusen letzte Hoffnung», glitzert bei Sonnen-

schein wundervoll vor den Kronen der Cordillera Riesco, in deren Innern sich die *Cuernos de Paine* verbergen, die «Hörner» des Paine-Massivs, aus Granit wie der Fitz Roy. Langsam schmelzende Gletscher frästen Zinnen und Spitzbogen in das Granitmassiv und verliehen ihm sein charakteristisches Aussehen: «Schreie aus Stein», wie die Tehuelche sie nannten.

Wanderwege fädeln sich durch den Nationalpark, Zeltplätze, Hotels und Hütten nehmen die Wanderer auf. Auf den Matten der Gebirgshänge grasten früher Kühe, die wild lebenden Guanakos und Pampastrau-

... für die Sicherheit wird von professionellen Veranstaltern gesorgt.

Fortsetzung Seite 87

Blick vom Hotel «Llao Llao» über den Lago Nahuel Huapí.

DIE VIELFALT DER ANDINEN PFLANZENWELT

Mit dem Nationalpark-Gesetz von 1934 sollte der Grundstein gelegt werden für den Schutz der vielfältigen Vegetation in den Regenwäldern, weiten Steppen und faszinierenden Berg- und Seenlandschaften.

Die Natur Patagoniens und Feuerlands könnte abwechslungsreicher kaum ausfallen: Büschelgrasflure, Berberitzgewächse, Strauch- und Grassteppe sowie Polstergewächse bedecken dürftig den steinigen Boden der Steppen, dort, wo kaum Niederschlag fällt, während die regenreichen Gefilde mit einem Pflanzenkleid auftrumpfen, das an die Dschungel der Karibik erinnert, nur dass es sich hier in der Kälte entfaltet. Wer den chilenischen Wald nicht kennt, der kennt den Kosmos nicht, lautete das apodiktische Urteil des Dichters Pablo Neruda, und er hat genau diesem Wald, seiner Heimat, unzählige Verse gewidmet.

Doch mit den ursprünglichen Verhältnissen der Region haben Viehwirtschaft und radikaler Holzschlag längst aufgeräumt. Überweidete Hänge, die an Bilder vom Mond erinnern, charakterisieren die argentinische Seite, und auf chilenischem Gelände wurde erst vor kurzem das Holzfällen gestoppt, das wahrhaft amazonische Ausmaße angenommen hatte. Der US-amerikanische Millionär und Mitbegründer der Modemarke Esprit, Douglas Thompkins, kaufte den Chilenen bundesstaatsgroße Stücke Nebelwald aus ihrem Patagonien südlich von Puerto Montt ab, um darin Naturreservate einzurichten und die weitere Abholzung der wertvollen Alercen zu verhindern. Kostbarer alter Baumbestand im argentinischen Feuerland wurde während des Privatisierungswahns zu derart hanebüchenen Preisen verscherbelt, dass sich internationaler Protest regte und die Preise nachgebessert werden mussten.

Der australe Wald setzt sich aus Bäumen zusammen, die hierzulande unter dem nüchternen Oberbegriff Südbuche summiert werden. Zieht man jedoch die chilenischen und argentinischen Namen in Betracht, fällt auf, welche Vielfalt es tatsächlich gibt: *raulí*, *roble*, *coigüe*, dazu der Lorbeerbaum *tepa*, die immergrüne Ulme, der *pelu* mit einem wahren Regen aus zierlichem Blätterwerk, der Zimtbaum *canelo*, das Myrtengewächs *arrayan* mit seiner sanftbraun gefleckten Rinde, der *olivillo*, der *avellano* und der *notro* mit flammengleichen roten Blüten. Dazu kom-

1

2

3

1. Seltenes Grün in der leblosen Gebirgswüste der Versteinerten Wälder. – 2. Wuchernde Vegetation im Nationalpark Queulat. – 3. Dornige Schönheit: blühender Kaktus in der Steppe. – 4. Mit seinen roten Blüten läutet der chilenische Feuerbusch den Frühling ein. – Nicht nur der Nationalpark Nahuel Huapí (5) und die umliegende *Suiza Argentina* (6, 7) beeindrucken durch ihre artenreiche Flora, sondern auch die im Frühling für kurze Zeit erblühende Steppe (8).

4

6

7

5

8

men in den höheren Lagen die Nadelbaumarten Alerce und Araukarie. Bambusdickichte, Farne und Lianengeflechte machen die Wälder fast undurchdringlich; Orchideen, Fuchsien, Callas, Mosquetrosen und Parasitenpflanzen, so bunt wie Lampions oder so zart wie Spitzenschleier, schmücken sie. Hübsch ist auch die Nationalblume Chiles, die glockenförmige zarte *copihue*, die ebenfalls im kalten Nebelwald wächst. Um den rot blühenden Calafate-Strauch, ein typisches Gewächs der andinen Steppen, rankt sich eine schöne Legende der Ureinwohner: Wer von seinen blauen Früchten nascht, kehrt immer wieder zurück nach Patagonien.

ße *ñandús* bekamen Konkurrenz durch Arbeitspferde und Wachhunde. Der Farmbetrieb innerhalb des Parks ist mittlerweile eingestellt, am Rand liegen aber noch die Estancias Lazo und Río Serrano, die Gäste bewirten und deren Personal durch den Park führt.

Die Anden verlieren während ihres Laufes über den Kontinent stetig an Höhe. Von den stolzen sechstausend Metern des Aconcagua zwischen Mendoza und Santiago hat sich das Gebirge auf fast nur noch ein Drittel an Höhenmetern gesenkt. Auf chilenischer Seite sind sie in ein Labyrinth aus tausenden von Inselchen zersplittert und dann ins Meer hinabgetaucht. Wir sind am Festlandsende eines Kontinents angekommen, weiter südlich hinter der so verzweifelt gesuchten Magellanstraße befinden sich nur noch Feuerland und das Kap Hoorn. Ein Ende der Welt ist erreicht, und so sieht es auch aus. Die stürmischen Winde wühlen das Wasser auf. Es ist eiskalt und regnet Eisbrocken. Der dunkle Himmel lässt die majestätischen Silhouetten der Berge aufblitzen, die Kronen aus Eis tragen, wenn er es einmal gestattet, dass Sonnenstrahlen durchschimmern.

Sonntagspicknick am einsamen Lago Yehuin bei Río Grande.

Wie riesige Spinnweben: Flechtenvorhänge in Zentralfeuerland.

BIBER IM MOOR

Das Dorado der Robbenschlächter und Walfänger, der Spieltisch der Goldsucher und Glücksritter, der Ort der Verbannten – Feuerland – wurde von den Regierungen des Cono Sur lediglich unter dem Aspekt seiner Verwertbarkeit betrachtet. Die weiten Steppen im Norden und Westen, die sich mit ihrem spärlichen Buschwerk fast bis an die Ausläufer der Sierra Beauvoir hinziehen, wurden von dem Rumänen Julius Popper, seinen kroatischen Kumpanen und seiner Privatarmee seit 1885 nach Gold durchwühlt. Danach etablierten die Familien Braun, Menéndez, Nogueira und Behety, von den Regierungen dazu ermuntert, ihre riesigen Schaffarmen auf bestens dafür geeignetem Gelände.

Dieselben Breitengrade und doch ganz anders: Wo auf chilenischem Territorium ewiges Eis die Zacken der Cordillera Darwin krönt, erstreckt sich im argentinischen Feuerland eine romantische – und gar nicht so kalte – Wald- und Seenlandschaft mit dichten Südbuchenwäldern. Der Parque Nacional Tierra del Fuego mit federndem Moorboden und von Schmarotzerpflanzen besetzten Coihuewäldern schmiegt sich direkt an den Beagle-Kanal. Aus dunkel schimmernden Seen ragen weiß gebleichte Baumstümpfe empor. Die aus Kanada Anfang des 20. Jahrhunderts zu Zuchtzwecken eingeführten Biber nagen sich ungehindert ihr natürliches Habitat zurecht: Hier unten auf Feuerland kennen sie keine natürlichen Feinde und bauen ungehemmt ihre Dämme.

Die Isla Grande war von der westlichen *Bahía Gente Grande* (Bucht der großen Menschen) bis zur östlichen Bahía San Sebastián Land der Ona und der Guanakos. Die nomadisierenden Verbände lebten von den zierlicheren Schwestern der Lamas. Sie aßen ihr Fleisch und kleideten sich in ihre Felle. Aus dem Leder fertigten sie ihre Schuhe. Es war *ihr* Tier, das sie in den weiten Ebenen ungehindert jagen konnten. In den ungezählten Fjorden der zerklüfteten Südküsten Feuerlands lebten die Yamana in ihren Kanus. Muschelberge kennzeichneten ihre Lagerstätten unter den dichten Wipfeln der Südbuchen, dort, wo es weiter südlich nur noch das Kap Hoorn gibt.

Vom Aussterben bedroht: die bis zu 100 Meter hohen Araukarien.
Blick vom Garibaldi-Pass: der Lago Escondido und Lago Fagnano.

EINHEIMISCHE UND ZUZÜGLER DER TIERWELT

An der Küste Feuerlands und Patagoniens begegnet man den weltweit größten Kolonien von See-Elefanten, Seelöwen und Pinguinen, und auf der Halbinsel Valdés nisten zehntausende von Seevögeln.

Dass Rinder, Pferde und Schafe nicht zu dem natürlichen Tierbestand Patagoniens und Feuerlands gehören, kann man sich aufgrund ihrer opulenten Präsenz in diesem Landstrich kaum vorstellen, aber doch, genau so ist es!

Der Gründer von Buenos Aires, Juan de Garay, notierte 1580 überrascht, wie sehr sich die Pferde seit ihrer Einführung durch die spanischen Konquistadoren vermehrt hatten. Er schätzte ihre Zahl auf 100 000. Schafe und Ziegen kamen im Jahr 1550 aus Peru, drei Jahre später wurden Rinder aus Paraguay nach Argentinien gebracht. Mit den zu Beginn des 20. Jahrhunderts aus Kanada importierten Bibern allerdings hatten sich die Argentinier auf Feuerland ein Kuckucksei ins Nest gelegt, denn die Pelztiere nagten sich durch das feuerländische Pflanzenkleid wie eine Dampfwalze.

Die natürlichen Tiervölker Patagoniens und Feuerlands müssen den Konquistadoren ziemlich seltsam vorgekommen sein. Kleine Kamele, ziemlich winzige Hirsche, riesenhafte Vögel, die über Aas kreisten, und befrackte Vögel mit kurzen Flügeln, die aufrecht gingen, als hätten sie einen Stock verschluckt. Die Schwäne hatten schwarze Hälse. Auch die See-Elefanten, die sich gegenseitig mit Sand bewarfen, dürften sie befremdet haben. Gefährlich wurde ihnen keiner von ihnen. Und so bekamen die befrackten Vögel auch einen netten – walisischen – Namen: *pengwyn*, weißer Kopf. Die Magellanpinguine tragen einen schwarzen Streifen an ihrer Brust und sind am zahlreichsten in Punta Tombo südlich von Puerto Madryn und auf der Isla Magdalena bei Punta Arenas vertreten, denn dort liegen die natürlichen Nistplätze dieser monogamen Tiere.

Schnelle Renner sind in Patagonien unterwegs. Die zierlichen und schwer domestizierbaren Guanakos sind kleine Schwestern der Lamas, die in den nördlichen Landesteilen als Zug- und Tragtiere eingesetzt wurden, und gehören zur Familie der Kamele. Anders als bei ihren Verwandten Vikunjas und Alpakas wird ihr löwenfarbiges Fell nicht für Wolle verwertet; die Tehuelche und Selk'nam (Ona) allerdings kleideten sich früher in Guanakofelle.

Den Pampastrauß *ñandú* nennen die Mapuche und Tehuelche *choique* bzw. *oóiu.* Er ist den afrikanischen Straußen, den Kiwi und den Emu, verwandt. Im Winter

1

2

3

4

5

1., 3. Seelöwen und See-Elefanten, früher erbarmungslos gejagt, im Cañadón del Duraznillo und in der Caleta Valdés. – 2. Am Lago Sarmiento im Torres del Paine haben die Guanakos nur den Puma zu fürchten.
4., 5. Zeugen der Vergangenheit: der Argentinosaurus, im Museum von Trelew, und das Gürteltier, das die Zeiten überdauert hat.

1

2

3

kämpfen die Männchen untereinander um die Errichtung ihres Harems, der im Normalfall von sechs Weibchen gebildet wird. Über den Anden und den weiten Steppen Feuerlands schwebt der König der südamerikanischen Lüfte: der Kondor. Der aasfressende »Neuweltgeier« erreicht eine Flügelspanne von 3,6 Metern und ein Gewicht von elf Kilogramm.

Dem Pampahasen *mara* erwuchs in dem von den Spaniern importierten europäischen Hasen eine gefährliche Konkurrenz,

1. Am Cabo Blanco tummeln sich Tausende von Kormoranen. – 2. Hier nisten auch die Austernfischer. – 3. Fürsorglich und gesellig: Magellanpinguine im Naturreservat Punta Tombo. – 4. Der «Neuweltgeier»: Kondor. 5. Nistende Kormorane auf einer windgeschützten Insel im Beagle-Kanal. – 6. Wieder in Freiheit: verirrter Albatros in Camarones.

4

5

6

auch haben die Ausbreitung der Viehwirtschaft und die Jagd ihn arg dezimiert. Im chilenischen Nationalpark Tamango bei Cochrane wird der patagonische Hirsch und das Wappentier Chiles, der *huemul*, geschützt. Ebenfalls von der Auslöschung bedroht ist der kleinste Hirsch der Welt, *pudu pudu*, der im Unterholz nicht über 1000 Metern Höhe lebt und sich von Blättern und Brombeeren ernährt.

Der letzte kontinentale Stützpunkt der See-Elefanten befindet sich auf der Halbinsel Valdés, wo man auch Flamingos und Kormorane beobachten kann. Alle weiteren Kolonien liegen auf entfernten Inseln im Südatlantik, im Indischen und im Pazifischen Ozean. Die bis zu vier Tonnen schweren Männchen bilden am Winteranfang die Vorhut vor der Ankunft ihrer schwangeren Weibchen, die hier ihren Nachwuchs gebären. Einmal im Jahr wechseln die See-Elefanten ihre Haare, und in dieser Phase bleiben sie an Land. Um sich vor der Sonne zu schützen, bewerfen sie sich gegenseitig mit feuchtem Sand.

Pünktlich zum Ende des Winters taucht der *ballena franca austral* vor den Küsten Patagoniens auf; berühmt ist die Paarung der Wale vor der Halbinsel Valdés. Ein Jahr dauert die Tragezeit, und zwischen August und September werden die Jungen geboren. Die Weibchen überwachen den Nachwuchs gemeinschaftlich ein weiteres Jahr. Zu ihren natürlichen Feinden zählt der *orca*, der den noch unbeholfenen Jungen nachstellt.

Kühlender Kies gegen die Mittagshitze: See-Elefanten in der Caleta Valdés.

PATAGONIEN · FEUERLAND: PLANEN · REISEN · GENIESSEN

INHALT

Der Río Pinturas hat sich tief in die südpatagonische Steppe eingegraben. Hier liegt die Cueva de las Manos mit 9000 Jahre alter Felsmalerei.

ALLGEMEINE INFORMATIONEN

Geografie. Argentinien und Chile teilen sich Patagonien und Feuerland. Sie liegen Rücken an Rücken in der Südhemisphäre zwischen dem 42. und 56. Grad südlicher Breite. Die Grenze orientiert sich an den Anden. Im Osten werden sie vom Atlantischen, im Westen vom Pazifischen Ozean begrenzt. Im Süden stößt Patagonien an die Magellanstraße. Der Beagle-Kanal durchfließt Feuerland im Süden und trennt die Isla Grande Tierra del Fuego von den südlichen Inseln Navarino, Hoste, Lennox, Nueva und dem Kap Hoorn ab.

Patagonien wird auf argentinischer Seite aus den Provinzen Neuquén, Río Negro, Chubut und Santa Cruz gebildet; in Chile sind dies die Zonen 11, 13 und 14, der so genannte «Große Süden». Der Südzipfel des chilenischen Festlandes und Feuerland werden in der Provinz Magallanes mit Punta Arenas als Provinzhauptstadt zusammengefasst.

Auf dem Markt im chilenischen Ancud.

Das argentinische Patagonien umfasst die Landmenge von 765 720 qkm, wobei die südlichste Provinz Santa Cruz mit 243 943 qkm den ersten Rang belegt; sie ist die zweitgrößte in ganz Argentinien. Die chilenischen Regionen bedecken etwa ein Gebiet von der Größe der Ex-BRD.

An der Landmenge Feuerlands hat Chile deutlich mehr Anteil: Tierra del Fuego

Constitución
Talca
Parral
Chillán
Concepción
Anden
Río Bío Bío
RN-40
NEUQUÉN
LA PAMPA
Salado
Santa Rosa
Río Colorado
Mar del Plata
Miramar
Bahía Blanca
Necochea
Vn. Lonquimay 2890 m
Vn. Llaima 3125 m
P. N. CONGUILLIO
Zapala
Neuquén
RN-3
Río Colorado
Temuco
L. Villarrica
Villarrica
Río Limay
Río Negro
RÍO NEGRO
Junín de los Andes
Valdivia
L. Lacar
San Martín de los Andes
San Antonio
Carmen de Patagones
Viedma
P. N. LANÍN
L. Puyehue
Osorno
P. N. PUYEHUE
L. Nahuel Huapí
P. N. NAHUEL HUAPÍ
Golfo San Matías
Puerto Octay
Vn. Osorno 2652 m
Ingeniero Jacobacci
L. Llanquihue
Puerto Varas
Co. Catedral 2388 m
San Carlos de Bariloche
Puerto Lobos
Golfo San José
Punta Norte
Cochamó
Puerto Montt
P. N. ALERCE ANDINO
Alter Patagonien-Express
El Maitén
Puerto Pirámides
PENÍNSULA VALDÉS
Golfo Nuevo
Punta Delgada
ARGENTINIEN
Puerto Madryn
Vn. Hornopirén 1572 m
Ancud
P. N. LAGO PUELO
PARQUE PUMALÍN
Leleque
CHUBUT
Trelew
Rawson
Gaiman
Punta Castro
Vn. Michinmávida 2404 m
P. N. LOS ALERCES
Río Chubut
ISLA GRANDE DE CHILOÉ
Chaitén
Esquel
Trevelin
L. Yelcho
Futaleufú
Punta Tombo
Quéllon
Carretera Austral
Camarones
Cabo Dos Bahías
Puerto Puyuhuapi
Río Chico
L. Musters
L. Colhué Huapí
Sarmiento
Comodoro Rivadavia
Golfo San Jorge
P. N. QUEULAT
ISLA MAGDALENA
Puerto Aisén
El Tordillo
Rada Tilly
Río Mayo
Puerto Chacabuco
Coyhaique
J. ORMACHEA PETRIFIED FOREST
Caleta Olivia
Balmaceda
L. Buenos Aires
Las Heras
Puerto Ibáñez
Perito Moreno
Río Deseado
Lag. San Rafael
L. Gen. Carrera
Chile Chico
Cabo Blanco
Glaciar San Rafael
Campo de Hielo Norte
Puerto Bertrand
Cueva de las Manos
Río Pinturas
MONUMENTO NATURAL BOSQUES PETRIFICADOS
Puerto Deseado
Cochrane
Bajo Caracoles
CHILE
L. Cochrane
L. Pueyrredón
Caleta Tortel
Co. San Lorenzo 3706 m
P. N. PERITO MORENO
SANTA CRUZ
Las Horquetas
Puerto Yungay
Villa O'Higgins
Gobernador Gregores
Puerto San Julián
L. O'Higgins
Campo de Hielo Sur
L. San Martin
Co. Fitz Roy 3375 m
Puerto Santa Cruz
L. Viedma
Lago Viedma
P. N. LOS GLACIARES
Glaciar Upsala
Puerto Bandera
L. Argentino
El Calafate
Bahía Grande
Glaciar Perito Moreno
Esperanza
P. N. TORRES DEL PAINE
L. Sarmiento
Seno Ultima Esperanza
FALKLAND ISLANDS
Stanley
Cueva del Milodón
Río Turbio
Río Gallegos
Río Gallegos
Lag. Azúl
Puerto Natales
P. N. PALI AIKE
Cabo Virgenes
ATLANTISCHER OZEAN
Estrecho de Magallanes
Seno Skyring
L. Blanca
PENÍNSULA MUÑOZ GAMERO
Porvenir
Seno Otway
Punta Arenas
Río Grande
Estrecho de Magallanes
P. N. TIERRA DEL FUEGO
L. Fagnano
L. Escondido
Ushuaia
Ea. Harberton
ISLA GRANDE DE TIERRA DEL FUEGO
Puerto Williams
Cabo Hornos (Kap Hoorn)
PATAGONIEN
0 100 km
N
P. N. = Nationalpark
VENEZUELA
GUYANA
SURINAM
FRANZ. GUAYANA
KOLUMBIEN
ECUADOR
BRASILIEN
PERU
BOLIVIEN
PARAGUAY
CHILE
URUGUAY
PAZIFISCHER OZEAN
ARGENTINIEN
ATLANTISCHER OZEAN
PATAGONIEN

weist 29 485 qkm auf, die argentinischen Departements Río Grande und Ushuaia haben 11 881 und 9 017 qkm. Dafür geht es auf argentinischer Seite abwechslungsreicher zu, was die Landschaftsformationen betrifft. Im Norden herrschen weite Steppen vor, die auch den überwiegenden chilenischen Landteil bestimmen; in der Mitte liegen die von Wäldern und Hochtälern umgebenen Seen Escondido und Fagnano, um im Süden von einer dramatischen Kordilleren- und Waldregion abgelöst zu werden. Mit der schneebedeckten Darwin-Kordillere hat das chilenische Feuerland die höchsten und schönsten Erhebungen (Monte Darwin 2488 m) und eine zerklüftete Küste vorzuweisen. In Patagonien kehren sich diese Verhältnisse um. Das trockene, windige Schichtstufenland der Hochebenen, der *mesetas*, bestimmt den argentinischen Raum. Der Boden Chiles ist auf demselben Längengrad mit dichten Wäldern, Vulkanen, Gletschern und zahlreichen Seen bedeckt. Ein Saum aus Wald und Seen zieht sich dann auch die argentinischen Anden entlang.

Hafen von Ushuaia, mit dem Monte Olivia.

Eisberge in den Fjorden des Beagle-Kanals.

BEVÖLKERUNG

Beide Regionen gehören zu den bevölkerungsärmsten Gebieten ihrer Länder. Für Santa Cruz, die südlichste Provinz des argentinischen Patagonien, sowie für Feuerland verzeichnet die Statistik 0,8 Einwohner pro qkm bzw. 6,2; die Hauptstadt indes hat 14 911 Einwohner pro qkm, die Durchschnittsziffer beträgt 13 Einwohner pro qkm. Noch deutlicher tritt die Tendenz zur Verstädterung in Chile hervor. 85 Prozent aller Chilenen leben in Städten. Für den «Großen Süden» gibt die Statistik eine Koordinate von unter 10 Einwohnern pro qkm an, der durchschnittliche Wert erreicht 19,9 pro qkm.

Bereit zur Schur: auf der Estancia Viamonte.

Die indianischen Völker in Patagonien und Feuerland wurden von den spanischen Konquistadoren erbittert verfolgt; doch erst die späteren argentinischen und chilenischen Nationalarmeen zwangen sie in Reduktionen und vernichteten sie. Besonders dramatisch verlief dieser Prozess auf Feuerland: Innerhalb von 70 Jahren starben 90 Prozent der Ona, Yamana und Alakalufs durch brutalen Mord oder an Epidemien, die die Goldgräber eingeschleppt hatten. Einzig die chilenischen Mapuche, von den Inkas einst «Araukaner» genannt, konnten diesem Morden entgehen. Heute wird ihre Zahl auf eine halbe Million geschätzt. Sie haben Netzwerke gegründet und das Internet für ihre Zwecke nutzen gelernt. Bis zum heutigen Tag kämpfen sie um ihr geraubtes Land. Chile und Argentinien sind «weiße» Einwandererländer. Der indianische Bevölkerungsanteil in Chile beträgt 6,8 Prozent, in Argentinien sind es 35 000 Menschen.

AUSKUNFT

Vor der Reise. Leider gibt es kein argentinisches Fremdenverkehrsamt. Sehr rührig ist die Presse- und Tourismusabteilung der Botschaft von Argentinien, Dorotheenstr. 89, 10117 Berlin, Tel.: 030/22668922, Fax: 2291400. Für Chile ist die Wirtschaftsabteilung des Konsulats in Hamburg zuständig. Pro Chile, Kleine Reichenstr. 1/IV, 20457 Hamburg, Tel.: 040/335835, Fax: 326957, E-Mail: prochile.hamburgo@t-online.de; www.prochile.cl und www.chiletrip.cl halten eine Fülle von aktuellen Informationen bereit und sind eine große Hilfe.
Vor Ort: Argentinien. Secretaria de Turismo, Suipacha 111, 20. Stock, 1368 Buenos Aires, Tel.: 0054/1/3125611.
Empfehlenswerte Websites sind: www.turismo.gov.ar, www.tierradelfuego.org.ar, www.scruz.gov.ar/turismo, www.bariloche.org, www.chubuttur.gov.ar und www.madryn.gov.ar.
Botschaft: Villanueva 1055, C1426DMC Buenos Aires, Tel.: 0054/1/47782550, www.embajada-alemana.org.ar.
Honorarkonsulat: Manuel de Rosas 516, V9410DAL Ushuaia, Tel.: 0054/2901/422778, E-Mail: rodolfowantz@infovia.com.ar.
Vor Ort: Chile. Das staatliche Fremdenverkehrsamt «Sernatur» unterhält in allen Provinzhauptstädten Informationsbüros. *Puerto Montt*: Informationskiosk an der Av. Varas, Costanera. *Chaitén:* An der Costanera am Ortseingang. *Coyhaique*: Bulnes 35, Tel.: 067/231752. *Puerto Natales*: Bulnes 285, Tel.: 061/411263. *Punta Arenas*: Magallanes 960, Tel.: 061/241330, Kiosk, Av. Colón 700.
Botschaft: Las Hualtatas 5677, Vitacura, Santiago, Tel.: 02/4632500, www.embajadadealemania.cl.

Marienfest im Dorf Achao auf Quinchao.

REISEZEIT

Auf der Südhalbkugel herrschen «umgekehrte» Jahreszeiten. Im Juli und August ist Winter, die wärmsten Monate sind Dezember, Januar und Februar. Wer Wintersport im hiesigen Sommer betreiben will, kann sich in San Carlos de Bariloche oder in Ushuaia einmieten. Für alle anderen sind Dezember bis Ende März die schönste Reisezeit. Das Thermometer kann tief im Süden sogar bis über 20 Grad springen – was aber eher selten vorkommt – und die Nächte sind am kürzesten. Rechnen sollte man mit 15 Grad Tagestemperatur und 8 Grad Nachttemperatur. Der über das gesamte Jahr reichlich fallende Regen in den Anden lässt im Sommer nach.

Die Ruta Nacional 40, Traumstraße Argentiniens, die sich am Fuß der Anden entlangzieht.

ANREISE

Aerolineas Argentinas und Lan Chile verbinden ihre Hauptstädte mit Madrid und Frankfurt. Die europäischen Fluglinien Lufthansa, British Airways, Iberia, Alitalia, Air France und KLM haben Buenos Aires und Santiago ebenfalls im Programm.

GESUNDHEIT

Für beide Länder sind Impfungen nicht vorgeschrieben. An exotischen Speisen wird man sich den Magen nicht verderben können, denn es gibt sie schlicht nicht. Die in Chile geliebten rohen Meeresfrüchte sind gewöhnungsbedürftig.
Krank machen kann hingegen die starke Sonneneinstrahlung. Das Ozonloch über der Antarktis und der Südhalbkugel vergrößert sich rasant. Sonnencreme mit hohem Lichtschutzfaktor, Hut, Halstuch und Sonnenbrille sind daher unerlässlich.

REISEN IM LAND

Flug. Die großen Entfernungen lassen sich am leichtesten mit dem Flugzeug überbrücken, und die Orte sind gut vernetzt. Über Flughäfen oder Airstrips verfügen Puerto Madryn, Comodoro Rivadavia, Río Gallegos, El Calafate, Esquel, San Carlos de Bariloche, Puerto Deseado, Gobernador Gregores, Perito Moreno, El Maitén, Río Grande, Ushuaia, Puerto Montt, Chaitén, Coyhaique, Chíle Chico, Puerto Ibáñez, Punta Arenas, Porvenir und Puerto Williams. Am häufigsten kreuzt LADE mit kleinen Fokkermaschinen den patagonischen Himmel; die anderen Fluggesellschaften sind Austral, Southern Winds und DAP, Lan Chile, Aero Sur, Aerocontinente und Aeromet. In der Hochsaison ist eine Vorausbuchung ratsam. Internetadresse für Argentinien: www.aerolineasargentinas.com, und für Chile: www.lanchile.com sowie www. aeroviasdap.cl.
Bus. In Feuerland und, mehr noch, in Patagonien, sind die Strecken lang, sodass es sich lohnt, etwas mehr Geld für einen bequemen Sitzplatz auszugeben. Es gibt Luxusklassen mit Fernsehern und Bordservice. Für Nachtfahrten werden ausziehbare Sitze angeboten. Es sind aber auch viele preiswerte Busse unterwegs, denn der Bus ist das Verkehrsmittel Nummer eins, wobei die Frequenz zu abgeschiedeneren Orten niedrig liegt. Die Busse sind allgemein in einem guten Zustand.
Mietwagen. Alle großen Mietwagenfirmen sind in Argentinien und Chile vertreten. Wer vor der Abreise bucht, erspart sich Wartezeiten. Autovermietungen in Argentinien: San Carlos de Bariloche, El Calafate, Puerto Madryn, Río Gallegos, Trelew und Ushuaia. In Chile: Coyhaique, Puerto Montt, Puerto Natales und Punta Arenas. Viele Straßen in Patagonien sind geschottert. Einen gefüllten Benzinkanister dabeizuhaben ist grundsätzlich ratsam.
Hitchhiking. Für die Argentinier und Chilenen in beiden Regionen keine ungewöhnliche Fortbewegungsart. Man hilft sich untereinander in diesen spärlich besiedelten Landstrichen. Ob man es selbst ausprobieren möchte, hängt vom persönlichen Abenteuergeist ab.

Hotel in Futalaufquén, bei Esquel.

ÜBERNACHTEN

Die Hotels sind in beiden Ländern mit einem Sternesystem erfasst. Die einfachen *residenciales* und *hospedajes* haben keines; dabei handelt es sich um Familienpensionen, die häufig nur über ein Gemeinschaftsbad auf der Etage verfügen. Mitunter ist Küchenbenutzung gestattet; Frühstück wird häufig serviert und eventuell extra berechnet. Für Reisende mit schmalem Geldbeutel stellen sie eine gute Alternative dar, weil sie in der Regel sicher und sehr sauber sind. In Patagonien kann man auf einige, nicht billige Traumhotels stoßen, wie das «Termas de Puyuhuapí» an der Carretera Austral oder das ehrwürdige «Llao-Llao» in Bariloche. Zur Hochsaison Ende Dezember bis Ende Februar empfiehlt sich eine Vorausbuchung in den bekannten und bei Nationalparks gelegenen Orten wie Puerto Natales, Ushuaia, Bariloche und El Calafate. Auch die *hosterías* im Parque Nacional Torres del Paine sind dann rasch belegt.

Estancia La Madrugada bei Puerto Deseado.

1

4

2

5

1. Schon Bruce Chatwin verkehrte im «Café Carrera» in Río Gallegos. – 2., 5. Restaurant «Merlin» und ein traditioneller Laden in Puerto Varas. – 3. An der Bar im Hotel «La Leona» zwischen El Calafate und El Chaitén. 4. Hotel «Las Horquetas» bei Bajo Caracoles. – 6. Dorfkneipe bei Colonia Sarmiento.

3

6

Am Lago Pehoe, mit der gleichnamigen *hostería*, im Nationalpark Torres del Paine.

ESSEN UND TRINKEN

Die Argentinier essen sich am liebsten an Fleisch satt, die Chilenen an Fisch. Das argentinische Rindfleisch gilt als eines der besten der Welt, und die Steaks können – je nach Schnitt – bis zu einem Pfund schwer sein, wobei das dickste und größte unter der ironisch anmutenden Bezeichnung *baby bife* den Teller ziert. Eine Art üppiges Rumpsteak heißt *bife de chorizo*; das *bife de lomo* entspricht unserem Filetsteak. Dazu werden Bratkartoffeln und ein Salat aus Tomaten, Blattsalat und Zwiebeln serviert.

Zu einer *parillada* trifft man sich mit Freunden. Ob zu Hause oder im Restaurant – eine *parilla completa* besteht aus einer auf dem Tischgrill servierten Platte mit Rind und Huhn, Blut- und Bratwurst, Nieren und Darm. Bries, Lammkoteletts und Schweinerippen können auch noch dazukommen. Im privaten Kreis kann sich ein solches Festmahl vom Nachmittag bis nach Mitternacht hinziehen.

Köstliches Fleisch wird auch in Chile serviert – besonders das Lamm *a fuego lento*: ganz langsam gegrillt –, aber Fisch und Meeresfrüchte sind dort häufiger angebotene Genüsse und von ausgezeichneter Qualität, z. B. der *congrio*, der Meeraal, rohe Austern und mit wenig Knoblauch gebratene Jakobsmuscheln. Nicht jedermanns Geschmack treffen die Seeigel, *erizos*, die der waschechte Chilene ebenfalls roh verzehrt. Das chilenische Nationalgericht *pastel del choclo* – aus Mais, Kartoffeln, Hackfleisch, Oliven und hart gekochten Eiern – gibt es nur zur Maisernte. Die argentinischen und chilenischen Weine genießen zu Recht einen sehr guten Ruf. Argentinisches Nationalgetränk aber ist der Mate-Tee, ein Aufguss aus den Blättern des Yerba-Strauches, dem belebende Eigenschaften nachgesagt werden.

Restaurant in der Ex-Strafkolonie Ushuaia.

Weitläufiges Skigebiet am Cerro Catedral, 20 Kilometer von Bariloche entfernt.

Canyoning am Lago Todos los Santos, ...

... Outdoor-Enthusiasten unter sich.

Das gemeinsame Trinken wird zelebriert wie ein kleines Ritual, und es gibt sehr schöne Mate-Gefäße mit silbernen Strohhalmen, den *bombillas*, durch die der Sud angesaugt wird.

Gewöhnungsbedürftig sind die späten Essenszeiten. Da staunen sogar die Spanier, die abends oft auch nicht vor halb zehn Uhr ein Restaurant betreten.

EINKAUFEN

Wer sich für Kunstgewerbe interessiert, wird in Puerto Montt, in Coyhaique und in Ushuaia fündig. In Puerto Montt kann man auch die typischen Strickwaren von der Insel Chiloé erstehen. Bariloche als «Schweiz Argentiniens» produziert Schokolade. Ein originelles Mitbringsel ist ein Mate-Gefäß mit einer *bombilla*.

SPORTLICHE AKTIVITÄTEN

Angeln. Die Carretera Austral hat sich zu einem Dorado für Fliegenfischer gemausert. Informationen erhält man in den Fremdenverkehrsämtern. In der weit verzweigten Seenlandschaft in den Nationalparks Nahuel Huapí und Los Alerces und auch im Parque Nacional Torres del Paine darf nur mit behördlicher Genehmigung gefischt werden. Die Angelsaison reicht von November bis März.

Reiten. Im Land der Gauchos mal auf einem Pferd zu sitzen: das bieten immer mehr Estancias im Süden Patagoniens als besonderes Vergnügen an. Auch als Anfänger kann man an kurzen Ausritten über flaches Gelände teilnehmen. Bei anspruchsvolleren Touren sollte man allerdings kritisch einschätzen, ob die eigene Kondition solche Parforceritte zulässt.

Trekking. Von der wachsenden Liebe zur Natur profitiert der Tourismus in beiden Ländern, denn sie haben auf diesem Gebiet wahrhaft Außergewöhnliches zu bieten. Für Trekker ergeben sich eine Fülle an Optionen. Gut markierte Wege wird man allerdings nur in den Nationalparks finden, besonders schön im PN Torres del Paine und im PN Tierra del Fuego.

Wassersport. Rafting und Kajakfahren auf chilenischen Flüssen und in den Meeresfjorden an der Carretera Austral sind ein ungewöhnliches und anspruchsvolles Vergnügen. In Puerto Varas und in Futaleufú gibt es entsprechend erprobte Veranstalter.

Wintersport. Das gut erschlossene Skigebiet bei San Carlos de Bariloche konzentriert sich um den Cerro Catedral. Bei Esquel ist das Skizentrum «La Hoya» entstanden. Exklusiv und außergewöhnlich: an den Hängen eines erloschenen Vulkans Ski laufen. Das geht in Antillanca im Parque Nacional Puyehue in Chile. Dort gibt es auch ein angenehmes Hotel.

ORTE UND SEHENSWÜRDIGKEITEN

Ziffern im Kreis verweisen auf die Karten auf Seite 97 und 98.

BOSQUES PETRIFICADOS JOSÉ ORMACHEA (COLONIA SARMIENTO) ① (Provinz Chubut, Argentinien). Von *Colonia Sarmiento* erreicht man nach 30 Kilometern die Versteinerten Wälder José Ormachea, die aus der Zeit der Auffaltung der Anden vor 65 Millionen Jahren stammen. Damals war Patagonien noch mit riesigen Araukarienwäldern bedeckt. Der geologische Formungsprozess führte allmählich zur Versteinerung des Baumbestandes. Die starke Erosion und die sich bewegende Erdkruste schleuderten die versteinerten Stämme schließlich wieder an die Oberfläche. Ein Höhepunkt in Patagonien.

Die über weite Strecken grob geschotterte Carretera Austral ist die «Lebensader» Chiles.

CABO DE HORNOS, KAP HOORN ② (Feuerland, Chile). Das Schicksalskap vergangener Tage ist auch heute noch eine äußerst aufregende und recht gefährliche Passage. Von *Puerto Williams* aus kann man sich einschiffen bei: «SIM Adventures» (www.simltd.com), oder sich darüber hinwegfliegen lassen. Keiner schreibt praller über das Kap Hoorn als Francisco Coloane, selbst Walfänger und Autor fesselnder Abenteuergeschichten mit gut recherchiertem Hintergrund. Seine Bücher sind beim Unionsverlag, Zürich, erschienen.

CARRETERA AUSTRAL ③ (Chile). Im Jahr 1979 begann man mit dem Bau einer Landstraße, die die weit verstreuten und bisher nur mit dem Schiff erreichbaren Siedlungen im «Großen Süden» Chiles verbinden sollte. Die nun 1100 Kilometer lange Straße birgt ein enormes touristisches Potenzial: Seen, Vulkane, Thermalquellen, Fjorde, Paradiese für Fliegenfischer. Gästebetriebe bieten Exkursionen, Wanderungen und Angeln an, z. B. in *Chaitén, Puyuhuapí, Puerto Guadal* (Terra Luna Lodge, www.terra-luna.cl), *Puerto Ibáñez* (Cabañas Shehen Aike, info.shehenaike.cl@1patagonia.com) am *Río Baker* bei Puerto Bertrand (Hostería Río Baker, Río Baker Lodge). Vorläufig endet die Straße in *Villa O'Higgins*; eine Nebenachse entsteht zur verträumten *Caleta Tortel* (400 Einwohner).

CHAITÉN ④ (Chile). Pionierstädtchen zu Füßen des dramatischen Vulkans *Michinmávida*. Früher war es nur von Puerto Montt mit dem Schiff zu erreichen. Heute verläuft hier die *Carretera Austral*. Guter Standort (Hotels, Flugplatz) für Ausflüge zum *Lago Yelcho*, zur *Bahía Santa Barbara* und zum *Parque Pumalín*.

Der Eispanzer des Perito-Moreno-Gletschers.

COYHAIQUE ⑤ (Chile). Gegründet als Marktzentrum für die Viehzüchter des Südens, sonnt es sich heute in seiner Bedeutung als strategisch günstig gelegener

Viehtrieb über den Lago General Carrera.

Blick vom Tafelberg Mesa Colorado über die Versteinerten Wälder José Ormachea.

Platz mit ansprechender touristischer Infrastruktur für *Carretera-Austral*-Besucher und Ausflügler zur *Laguna San Rafael.* Es bietet Spazierwege in die umliegenden *Pampas* und ein interessantes *Heimatkundemuseum.* Der Flughafen ist nur für Kleinflugzeuge geeignet (Flüge über die Anden ab Chile Chico, Puerto Ibáñez), der »richtige« liegt in *Balmaceda,* das mit Shuttlebussen angebunden ist.

CUEVA DE LAS MANOS/PERITO MORENO/LAGO PUEYRREDÓN ⑥ (Provinz Santa Cruz, Argentinien). Die »sixtinische

Wegweiser auf der Carretera Austral.

Gebäude der Hostería »Lagos del Furioso«.

Kapelle« der prähistorischen Kunst Patagoniens mit ihren imponierenden Negativ- und Positivabdrücken von Händen liegt in einem tiefen Taleinschnitt des *Río Pinturas,* etwa 90 Kilometer entfernt von Perito Moreno. Die Tehuelche haben hier in der 25 Meter tiefen und 15 Meter breiten »Höhle der Hände« zwischen 7370 v. Chr. und 1000 n. Chr. Handabdrücke hinterlassen, die sich aufgrund der Farbgebung, Technik und begleitenden Darstellungen in drei verschiedene Perioden unterteilen lassen. Das staubtrockene Klima und die geschützte Lage begünstigten die Konservierung, die durch Menschenhand jetzt wieder gefährdet ist. Blitzlichtgewitter und Herumtasten haben das Kunstwerk bereits stark geschädigt. Als Ausgangspunkt für einen Besuch bietet sich der Viehzüchterort *Perito Moreno* an, der vor allem an Markttagen interessant ist. Es gibt mehrere Hotels und Pensionen. Von dort aus lässt sich ein Abstecher zu den Seen *Posados* und *Pueyrredón* einplanen. Letzterer setzt den chilenischen *Lago Cochrane* fort. Auf der Landbrücke zwischen den beiden Seen liegt der ökologisch ausgerichtete Touristenkomplex »Lagos del Furioso«.

NEUE SIEDLER AUS DER ALTEN WELT

Als am 2. Juli 1865 das Schiff «Mimosa» aus Liverpool kommend an den kiesbedeckten Buchten des Golfo Nuevo in Patagonien festmachte, hatten 151 Waliser ihre neue Heimat entdeckt.

Die meisten von ihnen stammten aus den überbevölkerten Kohlezentren und hatten in ihrem Geburtsland eine bedrohte Zukunft vor sich – hier, in Patagonien, war sie wenigstens nur unsicher. Die Geschichte hatte sich gegen die separatistischen Tendenzen gestellt: Die walisische Kultur wurde unterdrückt, die Unterweisung in walisischer Sprache verboten. Arbeit gab es kaum, die Bauern konnten ihre Produkte nicht mehr Gewinn bringend verkaufen. So suchten sie nach einem Land, das ihnen die Chance bot, unbelastet von Repression und wirtschaftlicher Ausweglosigkeit zu leben. Einige zog es in die Vereinigten Staaten, wo sie sich vor allem in Philadelphia niederließen, andere versuchten es mit einer noch größeren Ferne, mit dem Süden des südamerikanischen Kontinents. So bildeten die Waliser die Vorhut der Emigrationswellen aus Europa, die rund vierzig Jahre später in immer wieder anschwellenden Bewegungen über Argentinien kamen.

Der Landesregierung waren die neuen Siedler nur recht. Unter dem Kriegsminister Julio Argentino Roca wurde die indianische Bevölkerung der Pampa und Patagoniens massiv bekämpft. Die unter dem Begriff *Campaña del Desierto* (1877–1879) in die argentinische Geschichtsschreibung eingegangene Kriegshandlung bedeutete ihre faktische Vernichtung. Sie hat auch ideologisch viel bewegt: Die meisten Argentinier wollen nicht von «irgendwelchen Indios» abstammen, für die sie häufig nur Verachtung empfinden, sie sind stolz auf ihr europäisches Erbe.

1

2

3

Die um 1900 entstandenen Fotografien zeugen von dem Alltagsleben der walisischen Siedler: 1. In Gaiman im Chubut-Tal, einer der ältesten walisischen Gründungen in Patagonien. – 2. Clara Jones an ihrer Nähmaschine, in Colonia Sarmiento. – 3. Artur Evans mit Familie vor seiner Hütte. – Rechts: Viehtrieb auf der Straße Carretera Austral.

Solche Berührungsängste haben die Waliser nie beschäftigt. Sie erkannten schnell, dass sie ohne die Nachbarschaft beispielsweise der Tehuelche ziemlich hilflos in der kargen Erde herumgestochert hätten. In den Museen von Gaiman, Trelew und Trevelín sind Fotografien ausgestellt, die Landesherren und Neulinge in friedlicher Zusammenkunft zeigen, und man sagt, die Hausfrauen der beiden Kulturen hätten Kochrezepte ausgetauscht.

Zunächst mussten sie allerdings feststellen, dass das Gebiet um den Golfo Nuevo mit seinem schönen Naturhafen keine geeigneten Trinkwasservorkommen aufwies. Drei Wochen nach der Ankunft brach man in Richtung Süden auf und fand geeignetes Gelände am Río Chubut, 60 Kilometer weiter südlich, im Cwm Hyfryd, wie sie es nannten, im schönen Tal.

Doch bald reichte das Tal der sich stark vergrößernden Kolonie nicht mehr aus. Bis 1914 reisten Landsleute nach, und eine Gruppe zog hinüber zum fruchtbaren Andenrand. Die 1888 dort gegründete *Colonia 16 de Octubre* prosperierte: 1890 wurden 800 Schafe angesiedelt, 1891 konnte man die erste Weizenernte einbringen, und um 1900 zählte man 1163 Einwohner. Das ist lange her. Ihre eigene Kultur, wie die alljährlichen Blumenspiele oder das Volksfest *Eisteddfod*, haben sie in Patagonien unbehelligt entfalten können.

Die mondähnliche Landschaft der Versteinerten Wälder.

1

4

2

5

1928 flog er als erster Mensch über Patagonien und Feuerland: Gunther Plüschow, hier mit seiner Schreibmaschine (2) an Bord seines Segelschiffes «Feuerland» auf dem Atlantik (1). – Sein legendärer «Silbercondor» vor dem Cerro Torre (4) und am Agostini-Fjord (6). – Der Pilot Plüschow als Kameramann (5) und als versierter Reiter vor dem Paine-Massiv (7). – Tauchvögelkolonie (3) und Zeltlager auf der Felseninsel Marta (8).

6

7

8

3

EL CALAFATE ⑦ (Provinz Santa Cruz, Argentinien). Das nette El Calafate am Ufer des Lago Argentino ist Ausgangspunkt für Exkursionen in den *Parque Nacional Los Glaciares* mit dem *Perito-Moreno-Gletscher*. In den Reisebüros kann man weitgehend standardisierte Touren buchen. Die Aufsehen erregendsten Ziele sind der Gletscher selbst und eine Bootsfahrt von *Puerto Bandera* zu den Gletschern *Upsala*, *Onelli* und *Spegazzini*. Den 6,6 Grad kalten grünen Gletschersee *Lago Argentino* mit seinen weiten Buchten und kleinen Inselchen und der typischen abundanten Vegetation kann man umrunden und zur *Laguna de los Cisnes* wandern, die zum Nationalpark gehört.

Ein Regenbogen macht den Bergen Konkurrenz: im Parque Nacional Los Alerces.

ESQUEL/TREVELÍN ⑧ (Provinz Chubut, Argentinien). Ein hübsches, prosperierendes Städtchen hat sich seit seiner walisischen Gründung am Fuß der Anden entwickelt. Recht gut ausgebaut ist die Straße nach San Carlos de Bariloche und die Strecke quer über das Estancia-Land nach Comodoro Rivadavia an der Atlantikküste. In der Umgebung liegen schöne Ausflugsziele wie der *Nationalpark Los Alerces* und der *Nationalpark Lago Puelo*, ein Tipp für Abenteurer und Wanderbegeisterte. Nostalgie pur bietet eine Zugfahrt mit der alten *trochita* hinein ins Land der Viehfarmer. Früher verband der Zug den Andenrand mit Buenos Aires! Das 16 Kilometer entfernte *Trevelín* war die erste walisische Andenkolonie. Ein kleines *Heimatmuseum* in einer alten Mühle gibt darüber Auskunft. Über die Grenze schlüpfen kann man auch: Auf chilenischer Seite hat sich *Futaleufú* als Ziel für Kajakfahrer gemausert. Der Weg dorthin ist malerisch.

Frühlingspracht bei der Estancia Harberton, einer Schaffarm oberhalb des Beagle-Kanals.

ESTANCIA HARBERTON ⑨ (Feuerland, Argentinien). Der Priestersohn Thomas Bridges gründete 1886 die Estancia am Beagle-Kanal für die Urbevölkerung Feuerlands, die Ona und Yamana. Es ist immer noch ein richtig englisches Farmhaus mit Glyzinien- und Lehrgarten, das für Besichtigungen offen steht – mit einem Eingangsportal aus riesigen Walrippen.

«Alter Patagonien-Express» in Esquel.

FUTALEUFÚ ⑩ (Chile). Vor 25 Jahren noch lag das beschauliche Futaleufú völlig abseits jeglicher Straßenverbindungen – zumindest chilenischer. Im argentinischen Esquel wurde das Örtchen als Ausflug in die indianische Welt Chiles apostrophiert. Indianisch indes ist allenfalls sein Name – großer Fluss –, und genau dieser hat sich als Magnet für Wassersportfans herausgebildet. Auf dem *Futaleufú* mit seinen zahlreichen Stromschnellen lässt es sich, inmitten malerischer Wälder, hervorragend Kajak fahren und raften. Der Ort verfügt über eine gute touristische Infrastruktur.

LAGO ESCONDIDO/LAGO FAGNANO ⑪ (Feuerland, Argentinien). Mitten in dichten Wäldern liegen diese attraktiven Gebirgsseen, an denen man sich wunderbar erholen kann. Sie sind beide mit einer gemütlichen *hostería* ausgestattet. Auch als Tagesausflug von Ushuaia, erreichbar über die Ruta Tres, lohnend.

LAGO LLANQUIHUE/PUERTO VARAS/ PUERTO OCTAY ⑫ (Chile). Der *Lago Llanquihue* zu Füßen des bilderbuchreifen Vulkans *Osorno* wurde von deutschen Einwanderern mit kleinen Häfen umgeben. Daraus hat sich eines der attraktivsten Feriengebiete des Südens entwickelt: Trekking, Reiten bis zur argentinischen Grenze auf den Spuren von Butch Cassidy und Sundance Kid, Vulkanbesteigungen, Mountainbiken im *Parque Nacional Vicente Pérez Rosales* und Besuch des *Lago Todos los Santos*, Raften oder einfach Sommerfrische pur. *Puerto Varas* ist mit seinen traditionellen Holzhäusern eine anziehende Mischung aus deutscher Siedlervergangenheit und aufstrebendem Zentrum für Sporttouristen. Unterkunft gibt es überall: vom Luxushotel bis zu gemütlichen Etagenpensionen mit Studentenflair. Sehr schön das »Outsider«; empfehlenswerte Veranstalter: »Aquamotion« (www.aquamotion.com), »Campo Aventura« (www.campo-aventura.com) und »Ko'Kayak« (info@paddlechile.com). Kulinarisches Spektrum: First-Class-Fischrestaurants, Kneipen. Im wesentlich verträumteren und ursprünglicheren *Puerto Octay* lohnt sich der Besuch des *Geschichtsmuseums*. Gut essen kann man im »Fogón de Anita«. Das malerisch gelegene *Frutillar* dagegen mit seinem großen *Freilichtmuseum* der deutschen Kolonisierung und den *Sommerfestivals* für Musik und Ballett ist fest in Touristenhand. Die Hotels heißen »Frau Holle«, »Klein-Salzburg« und »Casa de la Oma«.

Oben: Der bis zu 200 Meter tiefe, fischreiche Lago Escondido. – Unten: Blick von Puerto Octay auf den Vulkan Osorno am Lago Llanquihue.

FORSCHUNG IN LETZTER STUNDE

«Bergeshöhen an Vorurteilen und Misstrauen gegen die verhassten Weißen musste ich abtragen», so der Ethnologe Martin Gusinde, der die Kultur der Feuerland-Indianer vor dem Vergessen bewahrte.

3

Seine erste Begegnung mit den Indianern Feuerlands im Jahr 1774 schildert der Naturwissenschaftler Georg Forster mit einer Mischung aus Abscheu und Unverständnis. Sie zeigten weder die erwartete

1

Unterwürfigkeit, noch wüssten sie sich anders als mit einer Tierhaut vor dem unwirtlichen Klima zu schützen, zweifellos ein Indiz mangelnder Intelligenz. Ähnlich beurteilt später der Naturforscher Charles Darwin die Ona und Yamana. An Bord der britischen «Beagle» mit ihrem Kapitän Robert Fitzroy besucht er 1834 die Südhalbkugel. Für die in ihren Kanus lebenden Wassernomaden und Guanako jagenden Völker Feuerlands hat er nur Spott und Häme übrig. Ihre Sprache, die sein Landsmann Thomas Bridges 30 Jahre später als komplexes, phantasievolles Gespinst erkannte, nannte er unartikuliert und voller unverständlicher, gutturaler Laute, die Menschen selbst seien die «elendsten und gemeinsten Kreaturen» (siehe Seite 49).

Dieses eurozentrische Erbe trat etwa acht Jahrzehnte später der junge, aus Breslau stammende Martin Gusinde (1886–1969) an – Absolvent des Priesterseminars «De Sancti Verbi Divini» in Wien-Mödling. Sein erster Besuch der Selk'nams im Jahr 1918 sollte eine Begegnung von historischer Dimension sein. Von der chilenischen Re-

2

Im Jahr 1920 entstandene Aufnahmen des Ethnologen Martin Gusinde: 1. Pilzsammlerin. – 2. Junger Mann der Alakaluf beim Befestigen einer Speerspitze. – 3. Feuerland-Indianer beim Anfertigen eines Pfeils.

gierung und der Salesianer-Universität in Santiago ursprünglich dazu beauftragt, die Mapuche in Südchile ethnologisch zu erforschen, wendet er sich den Indianern Feuerlands zu und wird ungewollt zu deren Vermächtnisverwalter. Drei ausgiebige Forschungsreisen führen ihn bis 1924 auf die Insel. Als er Feuerland verließ, lebten dort noch 150 Selk'nam und nur noch wenige Yamana, 40 Jahre zuvor waren es 5000 bis 7000 gewesen. Heute sind sie ausgestorben, ebenso wie die Halakwalup auf der chilenischen Halbinsel Muñoz Gamero tief in den patagonischen Fjorden.

Die Zeugnisse und Aufzeichnungen, die Martin Gusinde über seine Aufenthalte angelegt hat, füllen vier umfangreiche Volumen: Aufsehen erregende ethnologische Porträts der Selk'nam, der Yamana und der Halakwalup sowie ein Band über die Anthropologie der Feuerland-Indianer. Seine Fotografien sind die einzigen, die uns die Riten und Zeremonien der Ethnien bezeugen, an denen er teilnehmen durfte. Weiteres Material existiert nicht. Nur ihm, dem «Schattenfänger», war es erlaubt, die Menschen im Bild zu bannen.

Der wissbegierige, ehrgeizige Padre wandelte sich über seine Arbeit zum leidenschaftlichen Ankläger der blasierten Überheblichkeit der Europäer, die er für das Aussterben der Stämme verantwortlich machte. Minutiös listete er die Verbrechen und Demütigungen auf, denen die indianische Bevölkerung durch die Weißen ausgesetzt war, ohne selbst je Feindseligkeit gezeigt zu haben. Gusindes Appelle, den Indianern und ihrer Lebenswelt Respekt zu zollen und sie nicht anzutasten, verhallten jedoch ungehört. Während seiner Reisen wurden viele von ihnen von Menschenjägern ermordet.

Blühende Steppe am Lago Pehoe vor den Granitgipfeln des Paine-Massivs.

1

4

2

5

3

6

Das gemäßigt kühle und regenreiche Klima Feuerlands hat eine vielfältige und fremdartige Vegetation geschaffen. Von einem wahren Flechtendickicht sind die Bäume im Herzen Zentralfeuerlands durchsetzt (1). – Im Hochtal des Martialgletschers breiten sich dichte Flechten- und Moospolster aus (2, 4, 5). – Zwischen den Bergseen und verschneiten Gipfeln des Nationalparks Torres del Paine liegen grüne Hochplateaus, deren Flora kundige Führer erklären können (3, 6).

LAGUNA/GLACIAR SAN RAFAEL ⑬ (Carretera Austral, Chile). Der Gletscher San Rafael ist ein Abgesandter des Campo de Hielo Norte und schiebt sich wie ein riesiger Finger in die gleichnamige Laguna hinein. Seine Breite umfasst imponierende drei Kilometer. Man kann ihn nur mit dem Schiff oder dem Katamaran erreichen. Die Gäste werden in Schlauchbooten direkt zum Gletscherabbruch gefahren.

PARQUE NACIONAL LOS GLACIARES ⑭ (Provinz Santa Cruz, Argentinien). Im äußersten Südwesten des patagonischen Festlandes liegt der 1965 geschaffene Nationalpark Los Glaciares, der zu der größten zusammenhängenden Eismasse (22 000 qkm) nördlich der Antarktis gehört. Lauter Superlative: Der bedeutendste von ihnen, der *Glaciar Upsala*, zählt zu den größten der Welt, der *Perito Moreno* ist der einzige wachsende Gletscher, der in einen See kalbt. Im Norden liegt der *Cerro Fitz Roy*. Das Granitmassiv mit den charakteristischen Felsnadeln erreicht man nach einer Strecke von 200 Kilometern auf schotterbelegter Straße von El Calafate aus. Dabei wird der Gletschersee *Viedma* umrundet. Das Dörfchen *Chaltén* zu Füßen des Massivs hat 220 Einwohner und einen besonderen Ruf als »Hauptstadt des Trekkings«. Entsprechend finden sich hier Hotels und Reisebüros für die internationale Sportklientel. Die dicht bewaldeten Bergwände (*lenga*, Zedern, Zypressen, *coihue*, *ñirre*) werden von blumenbedeckten Wiesen abgelöst. Zur vielfältigen Tierwelt gehören Guanako, Straußenvogel, Rot- und Graufuchs, Schwarzhalsschwan, Kondor und Mora-Adler.

PARQUE NACIONAL TIERRA DEL FUEGO ⑮ (Feuerland, Argentinien). Wenn man, etwa elf Kilometer nordwestlich von Ushuaia, den Boden des Nationalparks betritt, kommt man sich vor wie auf einem sanften Trampolin: die *turbales*, Torfmoore, federn den Schritt schön nach. Am Ende der Welt warten Feenwälder mit prächtigen Parasitenlampions, dunklen Seen und Flüssen auf 630 Quadratkilometern auf den Gast. Gut ausgeschilderte Rundwanderwege leiten durch das Gelände, das mit einem Campingplatz und einem Café ausgestattet ist. Anbindung an Ushuaia durch einen Pendelbusverkehr.

Es gibt einige einfache und zugleich lohnende Wanderwege, z. B. zum *Glaciar Grey;* andere sind in acht Tagen und nur von Geübten zu bewältigen. Das Biosphärenreservat verfügt über ein besonderes

Der Upsala, größter Gletscher im Nationalpark Los Glaciares, ist nur mit dem Boot erreichbar.

Durch die Dammbautätigkeit der Biber entstandener Tümpel im Nationalpark Tierra del Fuego.

PARQUE NACIONAL TORRES DEL PAINE ⑯ (Chile). Ein Park mit Starqualitäten, auf 1800 Quadratkilometern. Das bizarre Granitmassiv der *Cuernos del Paine* überragt eine schillernde Gletschersee-Palette.

Mikroklima, das trotz heftiger Winde eine überraschende Pflanzenvielfalt begünstigt, die *tundra Magallánica*. Informationen erhält man an den Verwaltungsposten. Im Park stehen mehrere *hosterías* zur Wahl,

An der Steilküste bei Puerto Pirámides ...

... auf der Halbinsel Valdés: See-Elefanten.

dazu Campingplätze und einfach ausgestattete Hütten. Die Preise sind hoch. Am Rande des Parks bieten zwei Viehfarmen Unterkunft, Ausritte und Ausflüge an.

PARQUE PUMALÍN ⑰ (Carretera Austral, Chile). Jahrzehnte währte das Hickhack zwischen den chilenischen Behörden und dem US-Amerikaner Douglas Thompkins um den Aufkauf wertvoller nativer Alercenwälder um Hornopirén und den Reñihue-Fjord. Während der kostbare Waldbestand anstandslos an japanische Zellulosefabriken verkauft wurde, machten politisch Ewiggestrige gegen den Robin Hood des Nebelwaldes mobil. Heute trägt das 267 000 Hektar umfassende Gebiet das Etikett »Reserva Natural«. In der *Caleta Gonzalo* gibt es ein gemütliches Café, sieben Blockhäuser zur Übernachtung, Camping- und Grillplätze. Infos auch in Chaitén und unter: www.pumalinproject.org.

Gezackte Granitgipfel des Paine-Massivs.

PENÍNSULA VALDÉS/PUERTO PIRÁMIDES ⑱ (Argentinien). Die 53 Kilometer von Puerto Madryn entfernte Halbinsel (Península) Valdés wirkt fast wie eine Insel: Nur ein schmaler Landsteg verbindet sie mit dem Festland. Dadurch ist hier ein besonderes Mikroklima entstanden. Entlang der Küste finden Möwen, Seeschwalben, Kormorane, Austernfischer, Flamingos und Tauben ihre Nistplätze; Seelöwen und See-Elefanten haben ihre Brutstätten an der *Punta Norte* und in der *Caleta Valdés*. Berühmt ist die Península auch wegen der Paarung der Wale, die sich alljährlich zwischen September und Februar vor den Küsten vollzieht. Im einzigen Ort der

Im Nebelwald des Parque Pumalín.

Im Hafenstädtchen Puerto Natales.

Puerto Puyuhuapí, mit 800 Einwohnern.

Halbinsel, *Puerto Pirámides*, stehen Hotels und Restaurants zur Verfügung; man kann Jeep-Safaris zu den vier *Tierreservaten* buchen und Tauchen lernen.

PUERTO MONTT ⑲ (Chile). Das Ex-Eingangstor der deutschen Siedler ist heute ein wichtiger Verschiffungshafen für chilenisches Holz und Drehkreuz für Exkursionen in den Süden. Seine touristische Infrastruktur blüht. Die Stadtviertel sind malerisch über das Küstenbergland drapiert. Am schönsten aber sind der Fischerhafen *Angelmó* mit den authentischen Essbuden, in denen das unnachahmliche Eintopfgericht *curanto* serviert wird, und die üppigen *Kunstgewerbemärkte*. Zwanzig Minuten nur braucht man mit dem Bus nach *Puerto Varas* am *Lago Llanquihue*.

PUERTO NATALES ⑳ (Chile). Seine Nähe zum *Parque Nacional Torres del Paine* hat dem attraktiv am *Seno Ultima Esperanza* gelegenen, nüchternen Hafenstädtchen Puerto Natales ein neues, quirliges Kleid beschert: Viele Hotels, Pensionen, Reisebüros, Autovermietungen und sogar Clubs sind entstanden. Man erreicht es über eine gut ausgebaute Straße von Punta Arenas oder von Argentinien aus.

PUERTO PUYUHUAPÍ/PARQUE NACIONAL QUEULAT ㉑ (Chile). Vier junge Deutsche entdeckten 1935 diesen Platz am *Canal Puyuhuapí* im regenreichen «Großen Süden» für sich. Die Umgebung rodeten sie für die Viehwirtschaft; später gründeten sie eine Teppichmanufaktur, die heute noch in Betrieb und zu besichtigen ist. Zwei schöne alte Holzgasthäuser nehmen Besucher auf, und eine halbe Fahrtstunde mit dem Katamaran entfernt liegt das traumhafte Hotel «Termas de Puyuhuapí». Guter Standort für Besuche des *Parque Nacional Queulat* mit dem hängenden Gletscher. «Patagonia Connection» (www.patagonia-connection.com) kombiniert eine Katamaranfahrt zur *Laguna San Rafael* mit einem mehrtägigen Hotelaufenthalt und weiteren Exkursionen.

PUERTO WILLIAMS ㉒ (Feuerland, Chile). Die auf der Insel Navarino am Ufer des Beagle-Kanals gelegene Hauptstadt – Verwaltungssitz für den chilenischen Teil der Antarktis – liegt eindrucksvoll zwischen dichte Wälder gebettet und eignet sich gut als Standort fürs Trekking am südlichsten Rand der Welt. Sehenswert ist das kleine, aber feine *Ethnologiemuseum*. «SIM Adventures» (www. simltd.com) betreibt eine gemütliche Pension und organisiert auch Flüge und Schiffsreisen zum *Kap Hoorn*.

PUNTA ARENAS ㉓ (Chile). Südlichste Stadt der Welt will Punta Arenas sein, wird dabei aber um Längen von Ushuaia geschlagen, das den Chilenen wiederum nur als Ex-Strafkolonie gilt. Punta Arenas an der Magellanstraße dagegen: die elegante Pracht seiner *Paläste*, *Museen* zur Regionalgeschichte, der luxuriöseste *Friedhof* des Landes, ein Marinestützpunkt mit Tradition und 115 000 Einwohnern. Überblick verschafft der Aussichtspunkt *Santa Cruz*. Exkursionen führen sogar hinunter nach *Kap Hoorn*. Ausflüge zur *Darwin-Kordillere*, zur *Magdalenenirsel* und in den *Nationalpark Pali Aike* werden angeboten. Es stehen zahlreiche Hotels zur Auswahl.

SAN CARLOS DE BARILOCHE ㉔ (Provinz Río Negro, Argentinien). Am Ufer des weit verzweigten, tiefgrünen Sees *Nahuel Huapí* zu Füßen des *Tronador* und *Catedral* könnte man das ganze Jahr verbringen: Bariloche liegt wunderschön und hat viel zu bieten, winters wie sommers. Skifahren im Juli und Baden im Januar, zum Beispiel. Die touristische Infrastruktur ist ausgezeichnet. Als lohnender Ausflug bietet sich die «Cruce de Lagos» an, eine mehrtägige Seenüberquerung von Bariloche über den Nahuel Huapí und den chilenischen See *Todos los Santos* nach *Puerto Varas*.

Lago Nahuel Huapí vor der Andenkulisse.

USHUAIA ㉕ (Feuerland, Argentinien). Seine Lage am Rande der Welt ist spektakulär und prädestiniert, um von hier aus den *Parque Nacional Tierra del Fuego*, den *Lago Escondido* und *Lago Fagnano* oder Vogel- und Robbenkolonien zu besuchen. Die *Estancia Harberton* liegt ebenfalls nicht weit. Im Hafen von Ushuaia machen auch die Kreuzschiffe auf dem Weg zur Antarktis halt. In der Hochsaison sind die Hotels der hübschen, teuren Feuerland-Boomtown schnell gefüllt. Absolut sehenswert sind die beiden *Museen* «Presidio» und «Museo del Fin del Mundo».

Links: Punta Arenas, die chilenische Pforte zum Süden. – Rechts: San Martín de los Andes, Eingangstor zum Nationalpark Lanín.

BEGEGNUNG MIT DEM HORIZONT

Gewiss, man könnte auch fliegen. Aber was ist das im Vergleich mit 16 Stunden kombinierter Schiffs-Busfahrt von Punta Arenas über Río Grande nach Ushuaia – quer über Tierra del Fuego?

Die freundliche Dame bei «Buses Gesell» in Punta Arenas, der Hauptstadt der chilenischen Magellanregion, hat die Reise vorgeschlagen. Sie war die Einzige

1

2

in den Reisebüros der Stadt, die das konnte. Kein Wunder, sie heißt Gesell, und ihr Bruder fährt den Bus von Porvenir nach Río Grande, dem Kernstück unserer Route. Nach Porvenir an der Magellanstraße wird uns die «Ferry» von Punta Arenas bringen, nach Ushuaia die argentinische «Tecni Austral». So ist die Reise komplett. Wir verstauen die Tickets aus dünnem Papier und sind am nächsten Morgen früh schon im Hafen Tres Puentes, wegen der Sitzplätze, denn die Karten für die Fähre sind nicht nummeriert. Der Himmel hängt grau und tief, was eigentlich kein Wunder ist an der Magellanstraße, deren ewiger Ruf schlicht schlechtes Wetter ist. Militär schifft sich ebenfalls ein, um einen Grenzabschnitt zu Argentinien personell zu verstärken. Die Grenze existiert zwar schon seit 124 Jahren, aber immer noch rauen Streitigkeiten um exakte Verläufe das Verhältnis der beiden Nachbarstaaten auf. Die *bàcaza* schlingert durch die Windstöße, während draußen Regenschauer niedergehen. Eine ganze Abordnung zierlicher Schwarzhalsschwäne empfängt das Schiff im Sonnenlicht an dem versumpften Uferstreifen von Porvenir zweieinhalb Stunden später. Nördlich davon breitet sich das *Monumento Natural Laguna de los Cisnes,* die «Schwanenlagune», aus, deren Besuch eine der wenigen Möglichkeiten zur Zerstreuung bietet, hat man sich einmal in dem 5000-Einwohner-Städtchen niedergelassen. An den Straßen ducken sich niedrige Holzhäuschen, drei kleine Hotels, zwei Restaurants, eine Kirche und ein Museum, in das alles hineingestopft wurde, was aus der Vergangenheit berichtenswert erschien, Fotos der Selk'nam (Ona), des kurzen Goldfiebers und der Epoche der riesigen Viehzuchtbetriebe, die in den 1960er-Jahren eine Landreform beendete. Wir erkundigen uns nach etwas Essbarem und landen in dem allseits empfohlenen «Club Croata». Hellblau gestrichenes Mobiliar, geblümte Plastiktischdecken, ein Radio läuft; es gibt Lammeintopf mit Kartoffeln, dem die Anwesenden anerkennend zusprechen. Geredet wird ansonsten nicht viel. Draußen ist der blonde Señor Gesell dabei, seine Schäfchen für die Weiterfahrt nach Río Grande zusammenzutrommeln. 28 Plätze sind verkauft, alle müssen mit, denn heute wird kein weiterer Bus mehr nach Argentinien eingesetzt. Die Straße ist einsam, mit Geröll bedeckt, Windböen

1., 6. Im Bus des Parkwächters durch die Versteinerten Wälder. – 2. Die Ruta 3, argentinischer Teil des Panamerican Highway, führt quer durch Feuerland; hier das weite Hügelland südlich von Río Grande. – 3. Linienbus zum Flughafen von Ushuaia. – 4. Kneipe an der Ruta 40. – 5. Bushaltestelle vor einer Erdölpumpe bei Comodoro Rivadavia.

3

4

zerren an dem schweren Gefährt. Stundenlang fahren wir durch eine flache, monotone Gegend, die schon so viele «Entdecker» gesehen hat, Entdecker von Gold, Entdecker von Erdöl, Entdecker von der Tauglichkeit zur Viehweide. Ihre Spuren hat der Wind längst weggeblasen.

Monotonie macht müde. Unsere Mitreisenden geben sich dem erholsamen Nickerchen hin. Señor Gesell hat österreichische Vorfahren und blaue Augen. Deutsch spricht er kein einziges Wort. Aber schnell entwickelt man ein persönliches Verhältnis zu ihm. So viel Einsamkeit schweißt zusammen. Er fehlt uns bereits, als wir in Río Grande den Bus nach Ushuaia suchen. Der Wind fegt über die niedrigen Häuserzeilen. Das ordentliche Río Grande, eine kleine Hafenstadt in der nördlichen Steppenebene Feuerlands, war einmal die

5

6

Hochburg der *mataderos*, der Schlacht- und Kühlhäuser, für das Vieh aus den umliegenden Estancias. Wir haben noch vier Stunden Fahrt vor uns, als wir den sauberen Busbahnhof abends gegen acht Uhr verlassen. Das milde Licht des Sommerabends hüllt die zauberhafte Seen- und Hügellandschaft des argentinischen Zentralfeuerlands in sanfte Schatten. Endlich Wasser, endlich Wald! Die inzwischen angezündeten Lampen der *hosterías* leuchten einladend zwischen den Stämmen der Südbuchen hervor. Wie dunkle Spiegel ruhen Lago Escondido und Lago Fagnano inmitten nebelumfangener Wälder. Wir haben noch eine verwunschen anmutende Landschaft aus Torfmooren vor uns, bevor die Straße in weiten Schwüngen nach Ushuaia hinabsteigt und uns das quirlige Temperament der Argentinier wie ein Feuerwerk empfängt. In der blitzblanken Hauptstraße gleißen die Schaufenster mit zollfreien Waren, und selbstverständlich ist jetzt, um Mitternacht, in den Restaurants à la Schweizer-Idyll noch ein saftiges *bife de chorizo* zu bekommen.

Der Spegazzini-Gletscher an einem Seitenarm des Lago Argentino.

ZUR SCHNELLEN ORIENTIERUNG – STICHWORTVERZEICHNIS

Kursive Seitenzahlen verweisen auf Abbildungen.

Indianische Friedhofsfigur.

Die zerklüftete Spitze eines Eisbergs am Ufer des Lago Argentino.

Clark Stede mit seinem Chefguide im chilenischen Cochamó.

Nachbildung eines Riesenfaultiers in der Cueva del Mylodón.

Am einsamen Cabo Blanco.

DER FOTOGRAF

Hubert Stadler, geboren 1954 in Augsburg. Selbständiger Fotograf mit den Schwerpunkten Südamerika und Nordeuropa. Veröffentlichungen von zahlreichen Bildbänden, Reportagen und Reiseberichten in nationalen und internationalen Magazinen. Lebt bei München.

DIE AUTORIN

Susanne Asal studierte Geschichte, Ethnologie und Anglistik. Seit 1986 freie Reisejournalistin. Mehrjährige Aufenthalte in Mexiko und Argentinien. Autorin zahlreicher Bildbände und Reiseführer, vor allem über die spanischsprachige Welt. Lebt in Frankfurt/Main.

TEXTNACHWEIS

Seite 21: Stefan Zweig: Magellan. Der Mann und seine Tat. Frankfurt/Main: S. Fischer Verlag 1953.
Seite 38: Südwind. Mythen und Märchen der Feuerlandindianer. Gesammelt und herausgegeben von Prof. Dr. Martin Gusinde. Regensburg: Erich Röth Verlag (Kassel 1966).
Seite 48: Charles Darwin: Reise um die Welt. 1831–36. Hrsg. von Gernot Giertz. © by Weitbrecht Verlag in K. Thienemanns Verlag, Stuttgart/Wien.
Seite 76 f.: Bruce Chatwin: In Patagonien. Aus dem Englischen von Anna Kamp. © 1981 by Rowohlt Verlag GmbH, Reinbek bei Hamburg.

BILDNACHWEIS

Anthropos Institut, Sankt Augustin: S. 38 (3), 113 (3).
Archiv für Kunst und Geschichte, Berlin: S. 21 (2), 48 (2).
Susanne Asal, Frankfurt / Main: S. 58 (3), 106 (3).
Bildarchiv C.J. Bucher Verlag, München: S. 24 u.r., 24/25, 25 (2), 110 (8).
Corbis, Düsseldorf: S. 26/27.
Arved Fuchs, Bad Bramsted: S. 26 u. (2).
IFA-Bilderteam, Ottobrunn: S. 93 u.l.
The Estate of Robert Mapplethorpe, New York: S. 76 u.r.
Süddeutscher Verlag, Bilderdienst, München: S. 24 l.

Alle anderen Aufnahmen stammen von Hubert Stadler, Fürstenfeldbruck.

Die Karten auf den Seiten 97 und 98 zeichnete Astrid Fischer-Leitl, München.

Wir danken allen Rechteinhabern für die Erlaubnis zu Nachdruck und Abbildung. Trotz intensiver Bemühungen war es nicht möglich, alle Rechteinhaber zu ermitteln. Wir bitten diese, sich an den Verlag zu wenden.

Alle Angaben des Bandes wurden von den Autoren sorgfältig recherchiert und vom Verlag auf Stimmigkeit und Aktualität geprüft. Allerdings kann keine Haftung für die Richtigkeit der Informationen übernommen werden. Für Hinweise und Anregungen sind wir dankbar. Zuschriften an C. J. Bucher Verlag, Lektorat, Bayerstraße 71-73, 80335 München.

BEGEGNUNG MIT DEM HORIZONT: PATAGONIEN · FEUERLAND

Konzeption: BUCH UND BILD Verlagsservice Axel Schenck, Bruckmühl
Lektorat: Claudia Sandkühler
Bilddokumentation: Susanne Schauer
Graphische Gestaltung: Werner Poll
Herstellung: Angelika Kerscher, Gabriele Kutscha

Litho: Repro Ludwig, A-Zell am See
Druck und Bindung: Passavia Druckservice GmbH, Passau

Das Werk erscheint im C. J. Bucher Verlag. Der C. J. Bucher Verlag ist ein Unternehmen der Ullstein Heyne List GmbH & Co. KG, München

Printed and bound in Germany
ISBN 3 7658 1351 6

Das Hügelland der patagonischen Pampa nördlich des Cerro Fitz Roy.